REVISTA JURÍDICA DO URBANISMO E DO AMBIENTE

Publicação semestral

N.os 25/26

JAN./DEZ.
2 0 0 6
(publicação em Abril de 2008)

- *Regulação e responsabilidade civil no domínio ambiental. Análise a partir da Teoria da Agência*
- *Contratualização no Direito do Urbanismo*
- *Estado de emergência ambiental*
- Legislação
- Jurisprudência

IDUAL – INSTITUTO DE DIREITO DO URBANISMO E DO AMBIENTE, LDA

DIRECTOR
   ANTÓNIO LORENA DE SÈVES

DIRECTOR ADJUNTO
   JOSÉ F. F. TAVARES

COLABORADORES DESTE NÚMERO
   ALEXANDRA LEITÃO, ANTÓNIO LORENA DE SÈVES, ISABEL ABALADA MATOS, JOÃO LOUREIRO, JOAQUIM PEDRO CARDOSO DA COSTA, JOSÉ CUNHAL SENDIM, JOSÉ MANUEL DA SILVA SANTOS BOTELHO, JOSÉ F.F. TAVARES, MANUEL FREIRE BARROS, MÁRIO AROSO DE ALMEIDA, PEDRO PORTUGAL GASPAR, TIAGO SOUZA D'ALTE, VASCO PEREIRA DA SILVA

PROPRIEDADE
   IDUAL – Instituto de Direito do Urbanismo e do Ambiente, Lda. (NIPC-503174777)
   Rua da Quintinha, n.º 70-4.º-Dt.º
   1200-368 Lisboa

FUNDADORES: António Lorena de Sèves e José F.F. Tavares
CONCEPÇÃO DA CAPA: António Lobo e Maria João Sousa da Câmara
EDIÇÃO: ALMEDINA, COIMBRA
PRÉ-IMPRESSÃO • IMPRESSÃO • ACABAMENTO: G. C. — Gráfica de Coimbra, Lda.
TIRAGEM: 300 ex.
ISSN: 0872-9336
Depósito legal n.º 81310/94
Registo na Secretaria-Geral do Ministério da Justiça sob o n.º 117710

Preço deste número — € 15,00 / IVA incluído

Impressão em papel ecológico

N.ᵒˢ 25/26 (Ano XII)   Janeiro/Dezembro   2006

ESTATUTO EDITORIAL   Pág.

I DOUTRINA

ALEXANDRA LEITÃO, *A contratualização no Direito do Urbanismo* 9
PEDRO PORTUGAL GASPAR, *Nos 20 anos da Lei de Bases do Ambiente – A importância do estado de emergência ambiental* 33
TIAGO SOUZA D'ALTE, *Regulação e responsabilidade civil no domínio ambiental. Análise a partir da Teoria da Agência* 45

II JURISPRUDÊNCIA

- Acórdão do STA – Pleno da Secção do Contencioso Administrativo, de 07-02-2006 (Proc. 047545) – *Auto-Estrada. Decisão. Plano Director Municipal. Plano Sectorial. Instrumento de gestão territorial. Hierarquia* 99
- Acórdão do STA – Secção do Contencioso Administrativo, de 14-02-2006 (Proc. 0600/05) – *Demolição de obra. Obras sujeitas a licenciamento. Fundamentação* 101
- Acórdão do STA – Secção do Contencioso Administrativo, de 25-05-2006 (Proc. 0606/05) – *Plano Director Municipal. Norma transitória. Revisão. Urbanização. Audiência do interessado. Participação* .. 103

- Acórdão do STA – Pleno da Secção do Contencioso Administrativo, de 04-07-2006 (Proc. 02071/03) – *Acto contenciosamente recorrível. Recurso hierárquico necessário. Embargo de obra. Competência própria. Competência exclusiva. Acto lesivo. Acto de execução. Recurso contencioso. Comissão de Coordenação e Desenvolvimento Regional* 105
- Acórdão do STA – Secção do Contencioso Administrativo, de 12-07-2006 (Proc. 0664/04) – *Licença de construção. Caducidade. Acto pressuposto. RGEU. Projecto de licenciamento. Recurso jurisdicional* 107
- Acórdão do STA – Secção do Contencioso Administrativo, de 19-10-2006 (Proc. 0652/06) – *Pedido de viabilidade de construir. Plano Director Municipal. Medidas preventivas. Nulidade* 109

III CRÓNICA DA LEGISLAÇÃO
Por MANUEL FREIRE BARROS 113

ÍNDICE ANALÍTICO 147

OS ARTIGOS PUBLICADOS NA *REVISTA JURÍDICA DO URBANISMO E DO AMBIENTE* SÃO DA RESPONSABILIDADE DOS SEUS AUTORES

ESTATUTO EDITORIAL

O *urbanismo* e o *ambiente* constituem duas realidades, duas áreas da vida, relativamente às quais, no passado recente, tem sido dada especial atenção a todos os níveis.

Trata-se, na verdade, de dois valores, autónomos mas interligados, com influência decisiva na qualidade de vida dos Povos e condicionadores do seu futuro.

Daí que os cidadãos, nas suas múltiplas formas de associação, os Estados, a Comunidades Internacional e outras Instituições tenham vindo a multiplicar os seus esforços no sentido de se compatibilizar o desenvolvimento com a defesa daqueles valores.

Como é natural, o Direito não poderia alhear-se destas realidades. É assim que de várias fontes têm sido emanadas normas e criadas instituições jurídicas correspondentes àqueles domínios, tendo sido dados os primeiros passos na construção do *Direito do Urbanismo e do Direito do Ambiente*.

Também a Universidade começou a questionar a necessidade de inserir nos seus cursos o *Direito do Urbanismo* e o *Direito do Ambiente*. E, na verdade, algumas iniciativas têm sido desenvolvidas neste sentido, sendo, porém, ainda longo o caminho a percorrer.

É neste contexto que surgiu, numa primeira fase com periodicidade semestral, a *Revista Jurídica do Urbanismo e do Ambiente* (RJUA), que se pretende um espaço para reflexão, estudo, investigação e informação, no âmbito do *Direito do Urbanismo* e do *Direito do Ambiente*, tendo em vista dar um contributo para a sua construção e solidificação.

É nosso propósito imprimir à RJUA um cunho científico, com forte ligação à Universidade, mas não perdendo de vista o objecto de proporcionar utilidade prática a todos os que, de algum modo, têm de lidar com as matérias do *urbanismo* e do *ambiente*.

Preocupação especial merece o capítulo ligado à defesa, às garantias dos direitos e interesses legalmente protegidos dos cidadãos, por se considerar um pilar fundamental nestes domínios.

No seu conteúdo, a RJUA respeita a separação entre Direito do Urbanismo e Direito do Ambiente, estando concebida para, em princípio, conter todos ou alguns dos capítulos seguintes:

- Doutrina
- Jurisprudência
- Pareceres
- Vária
- Recensão bibliográfica
- Noticiário
- Crónica da legislação

Por outro lado, quando for caso disso, os estudos que se desenvolverão terão em conta, naturalmente, para além do Direito Nacional, o Direito Internacional e o Direito Comunitário, enquanto partes integrantes da Ordem Jurídica Portuguesa.

A Direcção

I. Doutrina

A CONTRATUALIZAÇÃO NO DIREITO DO URBANISMO[1]

por *Alexandra Leitão*[2]

SUMÁRIO: 1. O princípio da contratualização no Direito do Urbanismo: a Lei de Bases das Políticas do Ordenamento do Território e do Urbanismo. 2. Os contratos para elaboração, alteração ou revisão de planos de urbanização e de planos de pormenor: 2.1. Definição e natureza jurídica; 2.2. Regime jurídico; 2.3. Em especial, os contratos entre entidades públicas. 3. Os contratos de execução dos planos: 3.1. Definição; 3.2. Regime jurídico. 4. Os contratos integrativos do procedimento de licenciamento de operações urbanísticas: 4.1. Definição; 4.2. Regime jurídico. 5. Breve referência aos contratos de cooperação e de concessão. 6. O cumprimento dos contratos e a responsabilidade contratual das partes. 7. A tutela judicial no âmbito dos contratos urbanísticos: breve nota.

1. O princípio da contratualização no Direito do Urbanismo: a Lei de Bases das Políticas do Ordenamento do Território e do Urbanismo

A Lei de Bases do Ordenamento do Território (LBPOTU), aprovada pela Lei n.º 48/98, de 11 de Agosto[3], consagra o princípio da contratualização no seu artigo 5.º, alínea h), o que se traduz num incentivo

---

[1] Corresponde à conferência proferida, em 9 de Novembro de 2007, no Curso Pós-Graduado de Actualização em Direito do Ordenamento do Território e do Urbanismo, organizado pelo Instituto de Ciências Jurídico-Políticas da Faculdade de Direito da Universidade de Lisboa.

[2] Assistente da Faculdade de Direito da Universidade de Lisboa.

[3] Com as alterações introduzidas pela Lei n.º 54/2007, de 31 de Agosto.

ao recurso a modelos de actuação assentes na consensualização entre a Administração e os particulares. Esta concertação faz-se sentir quer ao nível da execução dos instrumentos de gestão territorial, quer, inclusivamente, ao nível da sua elaboração, alteração e revisão.

A contratualização no âmbito do Direito do Urbanismo insere-se numa tendência actual para a concertação e o aliciamento dos particulares para a realização de tarefas administrativas[4], o que, além de se traduzir num acréscimo de legitimação das decisões administrativas, contribui ainda para a redução dos litígios decorrentes das mesmas.

Os vários tipos de contratos que podem ser celebrados no âmbito do Direito do Urbanismo não se podem reconduzir a uma figura jurídica unitária[5], sendo definidos em função da matéria sobre a qual incidem. De facto, os contratos urbanísticos podem definir-se genericamente como acordos subscritos entre a Administração e os particulares – e por vezes entre entidades administrativas entre si – interessados numa determinada actuação de carácter urbanístico, com o objectivo de estabelecer formas de colaboração para a realizar.

Assim, apesar de se reconduzirem genericamente à categoria dos contratos administrativos, o conjunto de contratos e acordos que se denominam "contratos urbanísticos" incluem contratos procedimentais, substitutivos ou integrativos do procedimento administrativo, bem como contratos de concessão e contratos de cooperação.

Por isso, não é possível definir um regime jurídico unitário, sem prejuízo da aplicação supletiva das regras do Código do Procedimento Administrativo (CPA), designadamente das regras sobre validade e cumprimento dos contratos (cfr. os artigos 185.° e seguintes do CPA).

No que respeita à validade destes contratos, é de salientar que, assumindo os contratos urbanísticos, na sua maioria, a natureza de contratos com objecto passível de acto administrativo, aplicam-se as regras do CPA quanto à invalidade dos actos administrativos, de acordo com o disposto no artigo 185.°, n.° 3, alínea a) daquele diploma, e sem prejuízo da aplicação do Código Civil em matéria de vícios da vontade, nos temos do artigo 185.°, n.° 2, do CPA.

---

[4] V. JOÃO MIRANDA, *A Dinâmica Jurídica do Planeamento Territorial – A Alteração, a Revisão e a Suspensão dos Planos*, Coimbra, 2002, pág. 137.

[5] Neste sentido, v. HUERGO LORA, *Los Convenios Urbanisticos*, Madrid, 1998, pág. 28.

A celebração de contratos urbanísticos tem grandes vantagens, quer ao nível do planeamento – para a elaboração, alteração, revisão ou execução de planos –, quer ao nível do licenciamento, permitindo exigir aos particulares a realização de tarefas urbanísticas como contrapartida para a prática de certos actos administrativos.

A primeira prende-se com a agilização dos procedimentos e com a redução de custos decorrentes da colaboração dos particulares.

A segunda traduz-se numa maior legitimação das decisões urbanísticas com a consequente redução da litigiosidade a ela associada.

2. Os contratos para elaboração, alteração ou revisão de planos de urbanização e de planos de pormenor

2.1. *Definição e natureza jurídica*

Os contratos previstos no artigo 6.°-A do Decreto-Lei n.° 380/99, de 22 de Setembro[6], que aprovou o Regime Jurídico dos Instrumentos de Gestão Territorial (RJIGT), introduzido pelo Decreto-Lei n.° 316/2007, de 19 de Setembro, prevêem a possibilidade de os interessados na elaboração, alteração ou revisão[7] de um plano de urbanização ou de um plano de pormenor apresentarem às câmaras municipais propostas de contratos que tenham esse objecto, podendo incluir também a execução do plano.

Trata-se de contratos cujo objecto é a elaboração de um regulamento[8], razão pela qual podem ser qualificados como contratos normativos. Os contratos normativos são aqueles através dos quais as partes acordam a elaboração e o conteúdo de uma norma do tipo regulamentar, podendo ser impostos por lei ou celebrados voluntariamente pelas partes[9]. Estes contratos podem ser de dois tipos: podem

---

[6] Com as alterações introduzidas pelo Decreto-Lei n.° 53/2000, de 7 de Abril, pelo Decreto-Lei n.° 310/2003, de 10 de Dezembro, pela Lei n.° 58/2005, de 29 de Dezembro, pela Lei n.° 56/2007, de 31 de Agosto, e pelo Decreto-Lei n.° 316/2007, de 19 de Setembro, rectificado pela Declaração de Rectificação n.° 104/2006, de 6 de Novembro.

[7] Sobre a distinção entre estas figuras, v. JOÃO MIRANDA, *op. cit.*, págs. 210 e seguintes.

[8] Cfr. o artigo 69.°, n.° 1, do RJIGT.

[9] É o caso, por exemplo, do artigo 49.° do Decreto-Lei n.° 380/99, de 22 de Setembro, que determina que o Governo deve acordar com as autarquias locais o con-

impor a aprovação da norma sem conformar o seu conteúdo ou, pelo contrário, determinar também o conteúdo da norma.

O objecto destes contratos é a conformação do conteúdo de uma norma, que depois é adoptada de modo unilateral, ou – mais raramente – podem substituir a própria norma. Os primeiros são contratos integrativos do procedimento, ou seja, são, no fundo, "acordos pré-normativos", o que leva alguns autores a considerar que não se trata verdadeiramente de contratos normativos, mas sim de normas com um procedimento de aprovação especial[10]. Os segundos, pelo contrário, são contratos substitutivos da própria norma, que assume forma contratual.

Os contratos previstos no artigo 6.°-A do RJIGT são contratos integrativos do procedimento de aprovação dos planos, uma vez que não substituem o próprio plano, como resulta expressamente do n.° 3 daquele preceito.

Por isso, não são meros contratos de prestação de serviços através dos quais o particular se compromete a elaborar o plano a pedido do município. De facto, ao contrário dos contratos de prestação de serviços, estes contratos surgem sob proposta do próprio particular e o plano tem o conteúdo por ele proposto, sem prejuízo da liberdade de a assembleia municipal o aprovar ou não (cfr. *infra*).

O artigo 6.°-B do RJIGT prevê a possibilidade de a celebração de contratos para a execução de planos de urbanização e de planos de pormenor ser imposta pelo próprio regulamento do plano director municipal ou do plano de urbanização.

Quando tal aconteça, a celebração do contrato é obrigatória, devendo o regulamento do plano definir as regras relativas ao procedi-

---

teúdo dos Planos Especiais de Ordenamento do Território, que são aprovados por Resolução do Conselho de Ministros, na parte em que estes fixem os prazos e linhas gerais para as autarquias locais adequarem os respectivos planos municipais de ordenamento do território aos Planos Especiais. Estes acordos podem envolver, por exemplo: o diferimento no tempo da aplicação da disciplina do Plano Especial; a fixação de instrumentos de planeamento aptos a concretizá-lo; ou o compromisso do município em adoptar medidas preventivas que suspendem o Plano Municipal até à entrada em vigor da respectiva alteração e revisão. Sobre esta questão, v. JOÃO MIRANDA, *op. cit.*, págs. 142 e 143.

[10] Neste sentido, v. MÉNENDEZ REXACH, *Los Convenios entre CCAAs: Comentario al Artículo 145.2 de la Constitución*, Madrid, 1982, pág. 114.

mento concursal, e às condições de qualificação, de avaliação e de selecção das propostas, bem como o conteúdo do contrato e as formas de resolução de litígios.

Estes contratos relativos à execução dos planos podem versar sobre a forma de realizar uma justa repartição de custos e benefícios decorrentes do plano, podem concretizar prazos de execução, bem como definir a possibilidade de transmissão dos índices de construção.

2.2. *Regime jurídico*

A celebração dos contratos previstos no artigo 6.°-A do RJIGT depende da iniciativa do particular que propõe à câmara municipal a celebração de um contrato deste tipo para elaborar, alterar ou proceder à revisão de um plano de urbanização ou de um plano de pormenor, bem como à sua execução.

Este contrato, bem como o plano elaborado, alterado ou revisto na sequência do mesmo, está sujeito à aprovação pela assembleia municipal, e a um conjunto de vinculações jurídico-públicas, a saber:

(*i*) sujeição a um procedimento tendente à celebração do contrato;
(*ii*) sujeição do plano ao procedimento de formação dos planos municipais previsto nos artigos 74.° e seguintes do RJIGT, e;
(*iii*) sujeição do conteúdo do plano ao regime do uso dos solos, bem como às disposições dos demais instrumentos de gestão territorial com os quais aqueles planos devam ser compatíveis ou conformes.

A celebração do contrato depende de deliberação da câmara municipal nesse sentido, que deve ser devidamente fundamentada de acordo com os critérios estabelecidos nas alíneas a), b) e c) do n.° 4 do artigo 6.°-A do RJIGT.

Assim, a celebração do contrato depende, designadamente, dos *"termos de referência do futuro plano, designadamente a sua articulação e coerência com a estratégia territorial do município e o seu enquadramento na programação constate do plano director municipal ou do plano de urbanização"* (cfr. o artigo 6.°-A, n.° 4, b) do RJIGT).

Isto significa que quando a câmara municipal decide celebrar um contrato deste tipo está, implicitamente, a manifestar a sua concordância com o conteúdo do plano cuja elaboração, alteração ou revisão é objecto do contrato. É, aliás, este o principal objectivo da sujeição destes contratos a um procedimento pré-contratual e não a escolha do co-contratante, como acontece nos contratos de colaboração (v.g. contratos de empreitadas de obras públicas ou de prestação de bens e serviços).

As propostas de contratos e o projecto de deliberação são objecto de divulgação e de discussão públicas, de acordo com os n.ºs 5 e 6 do artigo 6.º-A do RJIGT, nos termos e para os efeitos do artigo 77.º, n.ºs 2 e 3 do RJIGT. Esta fase do procedimento pré-contratual visa garantir que todos os interessados conhecem o conteúdo do plano proposto pelo co-contratante e possam participar no procedimento prévio à celebração do contrato para tutela das suas posições jurídicas e justifica-se por razões essencialmente garantísticas. Efectivamente, a celebração de um contrato integrativo do procedimento de elaboração de uma norma não pode implicar a supressão do procedimento administrativo legalmente previsto para a aprovação da mesma, desde logo porque os terceiros interessados têm o direito a participar nesse procedimento e influenciar o seu resultado[11].

Aliás, alguns autores defendem mesmo que este tipo de contratos só pode ser celebrado num momento em que o sentido da decisão final do procedimento já é perceptível[12].

Contudo, o facto de a câmara municipal aceitar esta proposta do particular não significa que aquela fique despojada dos seus poderes públicos, como resulta expressamente do artigo 6.º-A, n.º 2, do RJIGT. De acordo com este preceito, a celebração do contrato integrativo do procedimento de elaboração do plano transfere para o particular o poder de elaborar o plano (ou de o alterar ou rever), mas os órgãos municipais mantêm na íntegra o poder de aprovar e executar o mesmo.

Por isso, o plano elaborado pelo particular na sequência do contrato está sujeito, como se referiu *supra*, ao procedimento administrativo de formação dos planos. Isto significa que, apesar de a proposta de plano que é objecto do contrato já ter sido analisada quer pela

---

[11] Como já defendemos antes, v. ALEXANDRA LEITÃO, *A Protecção Judicial dos Terceiros nos Contratos da Administração Pública*, Coimbra, 2002, págs. 225 e 226.

[12] Cfr., por todos, HUERGO LORA, *Los Contratos sobre los Actos y las Potestados Administrativas*, Madrid, 1998, págs. 299 e seguintes.

câmara municipal, quer por outros interessados, públicos ou privados, no âmbito do procedimento de formação do contrato previsto nos n.ᵒˢ 4 a 6 do artigo 6.°-A do RJIGT, tal não dispensa a sujeição ao procedimento de aprovação dos planos nos termos gerais. Este segundo momento de apreciação procedimental justifica-se por duas razões: em primeiro lugar, para verificar se o plano elaborado ou a alteração ou revisão apresentadas são, efectivamente, iguais ao que havia sido proposto aquando da celebração do contrato; e, em segundo lugar, para garantir a participação de todos os interessados e de entidades públicas exteriores ao município relativamente ao conteúdo final do plano que vai ser aprovado.

Assim, o facto de a câmara municipal ter celebrado o contrato e, dessa forma, ter manifestado o seu acordo com o conteúdo do plano proposto pelo particular co-contratante nem dispensa a sujeição do plano ao procedimento legal de aprovação, nem significa, tão pouco, que a assembleia municipal esteja vinculada a aprovar o plano.

Em primeiro lugar, a deliberação de celebrar os contratos cabe às câmaras municipais, enquanto que a aprovação dos planos de urbanização e dos planos de pormenor compete às assembleias municipais, nos termos do artigo 79.°, n.° 1, do RJIGT.

Em segundo lugar, apesar de os contratos integrativos do procedimento se traduzirem numa auto-vinculação para a Administração, a verdade é que estes contratos têm sempre de ser celebrados sob reserva da manutenção dos elementos de facto e de direito em que assentou a sua celebração, ou, por outras palavras, estão sujeitos a uma condição resolutiva implícita[13].

Por isso, a assembleia municipal pode recusar a aprovação do plano elaborado pelo particular no âmbito do contrato, ou pode introduzir alterações, sendo mesmo obrigada a fazê-lo quando: (i) tenham ocorrido alterações de facto ou de direito que tornem o conteúdo do plano incompatível com normas legais ou regulamentares com as quais se deva conformar; (ii) ou quando o plano não seja adequado face ao resultado do respectivo procedimento de aprovação. Essa obrigação decorre expressamente da parte final do n.° 2 do artigo 6.°-A do RJIGT.

---

[13] V., por todos, SÉRVULO CORREIA, *Legalidade e Autonomia Contratual nos Contratos Administrativos*, Coimbra, 1987, pág. 753.

Alguns Autores consideram, por isso, que a eficácia do plano elaborado pelo particular está sujeito à condição suspensiva de ser aprovado pela assembleia municipal[14].

Contudo, não perfilho este entendimento, uma vez que ao plano elaborado pelo particular não falta apenas um requisito de eficácia, mas sim um elemento constitutivo, que é a aprovação pela assembleia municipal[15].

Assim, a obrigação assumida pela câmara municipal ao celebrar o contrato com o particular não configura uma obrigação de resultado, mas sim uma obrigação de meios *"...que admite configurações várias, mas que consiste, em traços gerais, em tramitar o procedimento necessário para que a resolução possa ser ditada, em defender essa alternativa no decurso do procedimento e não se afastar dela na resolução a não ser por razões de interesse público supervenientes ou expostas por terceiros no procedimento"*[16], o que se aplica por maioria de razão quando o órgão competente para aprovar a norma cujo conteúdo foi objecto de contrato não é o mesmo que celebrou o contrato.

Refira-se, no entanto, que isso não significa que essa obrigação não seja juridicamente vinculativa e passível, por isso, de acarretar responsabilidade civil para a Administração (cfr. *infra* o ponto 6.)

Outra questão que se pode colocar a propósito dos contratos normativos do artigo 6.º-A do RJIGT prende-se com o problema de saber se, após a aprovação do plano cujo conteúdo foi contratualizado, os órgãos municipais podem revogar total ou parcialmente esse plano.

Alguns autores consideram que essa norma jurídica só pode ser alterada através de novo acordo sob pena de nulidade da norma jurídica revogatória, a não ser que o contrato normativo admita expressamente a possibilidade de revogação unilateral, [17]. É a tese "pactualista".

---

[14] Neste sentido, v. FERNANDA PAULA OLIVEIRA e DULCE LOPES, *O Papel dos Privados no Planeamento: que Formas de Intervenção?* in RJUA, n.º 20, Ano X, 2003, pág. 77.

[15] A ineficácia é a consequência da falta de aprovação tutelar relativamente aos actos das entidades tuteladas, nos termos do artigo 41.º, n.º 7, da Lei n.º 3/2004, de 15 de Janeiro, mas nesse caso a competência é do órgão da entidade sujeita à tutela, ao contrário do que acontece no caso vertente, em que a competência é da assembleia municipal.

[16] Cfr. HUERGO LORA, *Los Contratos...*, *cit.*, págs. 47 e 48.

[17] V., por todos, ANGEL MENÉNDEZ REXACH, *op. cit.*, págs. 91 e 92.

Em sentido contrário, outros Autores defendem que a norma pode ser sempre alterada ou revogada unilateralmente pelo órgão com competência legal para o efeito[18].

Esta parece-me, de facto, a melhor solução, por duas razões: em primeiro lugar, porque, sendo possível rescindir unilateralmente o contrato por motivos de interesse público – poder que é inerente a qualquer contrato administrativo, nos termos do artigo 180.º, n.º 1, alínea c) do CPA –, pode também revogar-se a norma cujo conteúdo foi objecto de contrato, o que implica a rescisão tácita do mesmo; em segundo lugar, porque não pode pôr-se em causa o princípio da irrenunciabilidade da competência, consagrado no artigo 29.º do CPA.

Ora, a forma de conciliar este princípio com o *pacta sunt servanda* e com o próprio princípio da colaboração é tutelar o co-contratante através da efectivação da responsabilidade contratual do contraente que aprova unilateralmente uma norma contrária ao estipulado[19] (cfr. *infra* o ponto 5).

2.3. *Em especial, os contratos entre entidades públicas*

O artigo 6.º-A, n.º 7, do RJIGT prevê a possibilidade de serem celebrados contratos entre o Estado ou outras entidades públicas e as autarquias locais que tenham por objecto a elaboração, alteração, revisão ou execução de instrumentos de gestão territorial – não só planos e urbanização e planos de pormenor –, aplicando-se, com as necessárias adaptações o disposto nos n.ºs 2 e 3 do mesmo preceito, relativamente aos poderes municipais e ao facto de os contratos não substituírem os próprios planos.

Trata-se de contratos interadministrativos, uma vez que são celebrados entre duas ou mais entidades públicas que exercem a função administrativa, e o seu conteúdo é a contratualização do conteúdo de uma norma regulamentar, integrando o procedimento de aprovação da mesma. De facto, nada obsta a que sejam celebrados contratos proce-

---

[18] V. JAVIER TAJADURA TEJADO, *El principio de cooperación en el Estado autonómico*, 2.ª Edição, Granada, 2000, págs. 107 e 108 e CARLOS GONZÁLEZ-ANTÓN ÁLVAREZ, *Los convenios interadministrativos de los entes locales*, Madrid, 2002, pág. 154.

[19] Neste sentido, v. JOSÉ MARÍA RODRÍGUEZ DE SANTIAGO, *Los Convénios entre Administraciones Públicas*, Madrid, 1998, págs. 297 e 298.

dimentais entre entidades públicas, designadamente quando esteja em causa a emissão de uma norma ou a prática de um acto administrativo que, apesar de relevar apenas da competência de uma das entidades, implica a participação de outras entidades no procedimento administrativo tendente à sua adopção.

Quando sejam celebrados entre entidades públicas estes contratos não são precedidos do procedimento de formação previsto nos n.ᵒˢ 4 a 6 do artigo 6.°-A do RJIGT, umas vezes porque a intervenção dessas entidades é imposta por lei e, mesmo que assim não seja, por se tratar de contratos entre duas entidades públicas, não sendo aplicável as regras do procedimento pré-contratual que são aplicáveis entre a Administração e os particulares[20].

Os contratos interadministrativos celebrados com vista à elaboração, aprovação ou revisão de um plano incorporam-se no acto formal de aprovação, mas não o substituem, de acordo com o disposto no artigo 6.°-A, n.° 2, do RJIGT. No entanto, a entidade competente para aprovar o instrumento de gestão territorial está vinculada ao conteúdo determinado contratualmente sempre que a participação das entidades administrativas co-contratantes seja obrigatoriamente imposta por lei no procedimento de elaboração daquele plano.

3. Os contratos de execução dos planos

3.1. *Definição*

Os contratos de execução dos planos estão previstos nos artigos 123.° e 124.° do RJIGT e no artigo 55.° do RJUE. São contratos de urbanização, através dos quais se dá execução a um plano ou a um acto de licenciamento ou de autorização de obras de urbanização, assumindo, assim, a natureza de contratos administrativos, de acordo com a definição do artigo 178.°, n.° 1, do CPA, já citada.

Apesar de os contratos de execução de planos cuja celebração está prevista nos artigos 123.° e 124.° do RJIGT serem contratos de colaboração entre a Administração e o particular, nada impede a cele-

---

[20] V. ALEXANDRA LEITÃO, *As Formas Contratuais de Cooperação entre a Administração Central e a Administração Local*, in *Estudos em Homenagem ao Prof. Doutor Armando Marques Guedes*, Coimbra, 2004, págs. 465 e seguintes.

bração de contratos integrativos do procedimento tendentes à prática de actos administrativos no âmbito da execução do plano[21].

Os contratos de execução dos planos consagrados no artigo 123.º do RJIGT e no artigo 55.º do RJUE são, como já se referiu *supra*, contratos de urbanização.

3.2. Regime jurídico

No que respeita à execução dos planos, o artigo 123.º do RJIGT prevê a celebração destes contratos quando o plano seja executado através de um sistema de cooperação entre o município, os proprietários e os promotores da intervenção urbanística, sendo que os direitos e obrigações recíprocos destes são definidos através dos contratos de urbanização.

Por sua vez, o artigo 55.º do RJUE prevê a celebração desse tipo de contratos para a execução de obras que envolvam mais de um responsável, visando a definição das responsabilidades recíprocas das partes.

Estes contratos pressupõem uma consensualização entre o município e o particular que requereu o licenciamento de uma obra, embora não se confundam com os contratos referidos *supra* no ponto 3. De facto, enquanto nestes contratos, a Administração convenciona com o particular uma contrapartida para que lhe seja deferido o pedido de licenciamento, nos contratos previstos no artigo 55.º do RJUE estão em causa apenas as condições da execução dessa mesma licença. Por isso mesmo, é o particular que apresenta a proposta de contrato de urbanização com o requerimento inicial ou em momento posterior (cfr. o artigo 55.º, n.º 5, do RJUE).

Deste contrato podem fazer parte também outros titulares de direitos reais sobre o prédio, bem como empresas que prestem serviços públicos, quer sejam empresas públicas, quer privadas. Visa-se, no fundo, envolver todos os interessados, responsabilizando-os e procurando garantir uma melhor repartição de custos e benefícios[22].

---

[21] Neste sentido, v. MARIA PILAR OCHOA GÓMEZ, *Los Convenios Urbanísticos. Limites a la Figura Redentora del Urbanismo*, Madrid, 2006, pág. 392.

[22] Cfr. MARIA JOSÉ CASTANHEIRA NEVES, FERNANDA PAULA OLIVEIRA e DULCE LOPES, *Regime Jurídico da Urbanização e da Edificação Comentado*, Coimbra, 2006, pág. 312.

Refira-se, finalmente, que, em sede de execução dos planos, o artigo 124.º do RJIGT prevê ainda outro tipo de contrato, que é a concessão de urbanização. Este contrato reconduz-se à figura geral da concessão, uma vez que é o contrato através do qual o município transfere para um particular – concessionário – os poderes próprios de intervenção do concedente.

Este contrato deve ser precedido de concurso público para a escolha do concessionário, aplicando-se supletivamente as regras relativas à concessão de obras públicas, com as devidas adaptações.

Trata-se, assim, de um contrato de colaboração celebrado entre o município e um particular[23].

4. Os contratos integrativos do procedimento de licenciamento de operações urbanísticas

4.1. *Definição*

No âmbito dos procedimentos de licenciamento de operações urbanísticas, a entidade competente para deferir o pedido de licenciamento, em regra, as câmaras municipais podem celebrar com os requerentes contratos integrativos do procedimento, seja por iniciativa da câmara, seja por iniciativa dos próprios requerentes.

Este tipo de contratos está previsto, embora em termos restritivos, no artigo 25.º do Decreto-Lei n.º 555/99, de 16 de Dezembro, que aprovou o Regime Jurídico da Urbanização e da Edificação (RJUE)[24] para os casos em que já exista um projecto de decisão de indeferimento com os fundamentos previstos nas alíneas b) do n.º 2 e no n.º 5 do artigo 24.º do mesmo diploma, a saber, respectivamente:

– quando a *"operação urbanística constituir uma sobrecarga incomportável para as infra-estruturas ou serviços gerais existentes ou implicar, para o município, a construção ou manutenção de equipamentos, a realização de trabalhos ou a prestação de serviços por este não previstos, designadamente*

---

[23] O RJIGT prevê ainda a celebração de outros contratos de urbanização no artigo 131.º, n.º 8, a propósito do reparcelamento.

[24] Com as alterações introduzidas pelo Decreto-Lei n.º 177/2001, de 4 de Junho, pela Lei n.º 15/2002, de 22 de Fevereiro, pelo Decreto-Lei n.º 157/2006, de 8 de Agosto, e pela Lei n.º 60/2007, de 4 de Setembro.

quanto a arruamentos e redes de abastecimento de água, de energia eléctrica ou de saneamentos"; e
– quando não existam arruamentos ou infra-estruturas de abastecimento de água e saneamento ou se a obra constituir uma sobrecarga incomportável para as infra-estruturas existentes.

Nestes casos, pode haver deferimento do pedido se o particular se comprometer, em sede de audiência prévia, a realizar os trabalhos necessários ou a assumir os encargos inerentes à sua execução, sendo este compromisso assumido através da celebração de um contrato, nos termos do n.º 3 do artigo 25.º do RJUE. Trata-se, assim, de uma verdadeira e própria obrigação contratual.

Parece-me, contudo, que estes contratos podem ser celebrados noutras situações além daquelas que estão expressamente previstas no artigo 25.º do RJUE, ao abrigo do princípio geral de permissibilidade de recurso ao contrato, consagrado expressamente no artigo 179.º do CPA, e da autonomia pública contratual de que gozam as entidades públicas. Por isso, as câmaras municipais podem celebrar contratos integrativos do procedimento de licenciamento, nos termos gerais previstos no CPA.

Neste tipo de contratos as entidades administrativas exigem a colaboração do particular como contrapartida da emissão de uma norma administrativa ou da prática de um acto administrativo compreendidos no âmbito da sua margem de livre decisão. Essa colaboração pode consistir na cedência de terrenos a título gratuito ou na realização de obras, infra-estruturas e equipamentos ou no pagamento dos respectivos custos.

A validade destes contratos depende do respeito estrito pelos princípios da proporcionalidade, da igualdade, da imparcialidade e da boa fé, não valendo a regra *volenti non fit iniuria*.

Em certas situações os contratos procedimentais, enquanto forma de consensualizar a actividade administrativa, podem mesmo constituir uma legitimação acrescida da decisão administrativa, ao permitir a participação de outras entidades na tomada dessa decisão, quer sejam particulares, quer outras entidades públicas. Por isso, no primeiro caso, podem encontrar o seu fundamento no direito de audiência prévia dos interessados previsto nos artigos 100.º e seguintes do CPA[25]

---

[25] Neste sentido, v. PAULO OTERO, *O Poder de Substituição em Direito Administrativo*, volume I, Lisboa, 1995, pág. 85.

– como acontece, aliás, nos contratos expressamente previstos no artigo 25.º do RJUE.

Assim, a celebração destes contratos – como de quaisquer outros – está implícita nas normas de competência material que não imponham expressamente ou tacitamente a forma de acto administrativo para a produção de efeitos jurídicos[26].

4.2. *Regime jurídico*

Os contratos integrativos do procedimento administrativo, tais como aqueles através dos quais uma câmara municipal impõe deveres ao particular como condição para o deferimento de um determinado pedido de licenciamento ou se compromete a aumentar o índice de edificabilidade de um terreno do qual o particular é proprietário em troca deste abdicar de direitos urbanísticos que detinha noutra zona, só são admissíveis no âmbito da margem de livre decisão administrativa. Contudo, não se pode dispor genericamente do poder discricionário, mas sim determinar o seu conteúdo no caso concreto, devendo distinguir-se entre a *disposição do poder discricionário* e o *exercício antecipado do poder discricionário*[27]. Por isso, estes contratos não eliminam a discricionariedade da Administração, embora a limitem[28].

Como se referiu *supra*, estes contratos estão sujeitos aos limites decorrentes dos princípios gerais do Direito Administrativo, designadamente, da proporcionalidade, da boa fé e do equilíbrio financeiro dos contratos. Além disso, as condições impostas pela Administração têm de ser adequadas à prossecução do interesse público e têm de cumprir o disposto no artigo 179.º, n.º 2, do CPA, ou seja, não podem ser exigidas prestações contratuais desproporcionadas ou que não tenham uma relação directa com o objecto do contrato[29]. Aliás, o artigo 25.º,

---

[26] V. SÉRVULO CORREIA, *Legalidade...*, cit., pág. 613.
[27] V., neste sentido, SÉRVULO CORREIO, *Legalidade...*, cit., pág. 749.
[28] Neste sentido, v. EUGENIO BRUTI LIBERATI, *Consenso e Funzione nei Contratti di Diritto Pubblico*, Milão, 1996, pág. 271.
[29] Este número do artigo 179.º do CPA, apesar de não constar do Decreto-Lei n.º 6/96, de 31 de Agosto, que alterou aquele diploma, constando apenas da sua republicação, tem vindo a ser aplicado enquanto reflexo dos princípios da proporcionalidade e do equilíbrio financeiro dos contratos. Sobre esta questão, v. MÁRIO ESTEVES DE OLIVEIRA, PEDRO GONÇALVES e J. PACHECO DE AMORIM, *Código do Procedimento Administrativo anotado*, 2.ª Edição, Coimbra, 1997, pág. 820.

n.º 6, do RJUE contém uma norma muito semelhante, na qual se estabelece que *"os encargos a suportar pelo requerente ao abrigo do contrato referido no n.º 3 devem ser proporcionais à sobrecarga para as infra-estruturas existentes resultante da operação urbanística."*

A fundamentação é uma forma de garantir o cumprimento destes princípios e regras, designadamente para demonstrar, por um lado, que a colaboração exigida ao particular respeita os seus direitos e interesses e, por outro lado, que essa actuação é adequada à prossecução dos interesses públicos em causa.

Visa-se, assim, assegurar que estes contratos não enfermam do vício de desvio de poder[30] e que os direitos e interesses do particular co-contratante não são violados, sendo irrelevante o facto de este dar o seu consentimento a esta violação, uma vez que, como se referiu *supra*, não se pode aplicar a regra de que *volenti non fit iniuria*.

Por essa mesma razão, quer no caso dos contratos substitutivos de actos administrativos, quer no caso dos contratos integrativos do procedimento, qualquer entidade lesada pela sua celebração deve poder impugnar desde logo o próprio contrato, sem ter de aguardar pela prática do acto final do procedimento[31]. Isto aplica-se quer o lesado seja um particular terceiro, quer seja outra entidade pública que, por exemplo, devesse ter sido ouvida no procedimento.

Aliás, se a Administração se vincula através de um contrato a actuar num determinado sentido, os terceiros – públicos ou privados – que sejam afectados por aquela actuação têm sempre o direito de participar no procedimento tendente à celebração do contrato. Isto significa também que este tipo de contratos só pode ser celebrado num momento em que o sentido provável da decisão final do procedimento é já perceptível, ou, se assim não for, o contrato deve ser celebrado sob reserva da manutenção dos elementos de facto e de direito em que assentou a decisão de contratar. Por outras palavras, tal como os contratos normativos referidos *supra*, estes contratos contêm sempre uma condição resolutiva implícita que implica a sua resolução no caso de o

---

[30] Considerando que estes contratos estão sempre próximos do desvio de poder, v. HUERGO LORA, *Los Convenios...*, cit., pág. 72.

[31] Como já defendemos antes. Cfr. ALEXANDRA LEITÃO, *A Protecção Judicial...*, cit., pág. 173. Neste sentido, defendendo a irrelevância da forma, v. PIER LUIGI PORTALURI, *Potere Amministrativo e Procedimenti Consensuali (Studi sui Rapporti a Collaborazione Necessaria)*, Milão, 1998, pág. 158.

acto a cuja prática e conteúdo a Administração se auto-vinculou contratualmente ser inválido à data em que a decisão deve ser tomada, sem prejuízo da eventual responsabilidade a que haja lugar[32]. De facto, sendo verdadeiros contratos, os acordos procedimentais acarretam responsabilidade contratual, como veremos *infra* no ponto 6.

Assim, a câmara municipal pode recusar-se a emitir o acto a cuja prática se comprometeu mesmo que o particular já tenha cumprido a obrigação a que estava contratualmente vinculado, desde que essa recusa seja fundamentada em razões de superveniente interesse público decorrentes da alteração das circunstâncias de facto e de Direito.

Mais: deve admitir-se essa recusa mesmo quando não exista uma alteração das circunstâncias, desde que a Administração proceda a uma nova avaliação da situação e conclua que a prática do acto "prometido" é inconveniente para o interesse público, sem prejuízo de incorrer em responsabilidade contratual.

5. Breve referência aos contratos de cooperação e de concessão

O RJUE prevê dois tipos de contratos, respectivamente nos artigos 46.º e 47.º, a saber:

(*i*) os contratos de cooperação para a gestão das infra-estruturas e dos espaços verdes e de utilização colectiva, e;
(*ii*) os contratos de concessão do domínio municipal para a gestão das infra-estruturas e dos espaços verdes e de utilização colectiva.

O artigo 46.º do RJUE consagra a possibilidade de a gestão das infra-estruturas e dos espaços verdes e de utilização colectiva ser confiada a moradores ou grupos de moradores das zonas loteadas e urbanizadas mediante acordos de cooperação ou contratos de concessão, remetendo a regulamentação destes últimos para o artigo 47.º do mesmo diploma.

Quanto aos contratos – ou acordos – de cooperação, o n.º 2 do artigo 46.º estabelece que os mesmos podem incidir sobre a limpeza e higiene, a conservação de espaços verdes existentes, a manutenção dos

---

[32] V. Sérvulo Correia, *op. cit.*, pág. 753.

equipamentos de recreio e lazer e a vigilância da área, por forma a evitar a sua degradação.

Refira-se, em primeiro lugar, que o facto de a norma se referir a "acordos" e não a contratos é, quanto a mim, despiciendo[33]. Efectivamente, um contrato administrativo é exactamente um acordo de vontades entre duas ou mais entidades, públicas ou privadas, através do qual é constituída, modificada ou extinta uma relação jurídica administrativa, de acordo com o disposto no artigo 178.°, n.° 1, do CPA.

De facto, um acordo com esse conteúdo só não assume a natureza de contrato administrativo se não produzir efeitos juridicamente vinculantes. Ora, as cláusulas pactuadas pelas partes têm efeitos obrigacionais sempre que: (i) versem sobre a actividade das entidades intervenientes; (ii) o seu conteúdo se inclua na esfera própria de actuação das entidades contratantes; (iii) estabeleçam direitos e deveres para as partes; (iv) estes direitos e deveres tenham um mínimo grau de concretização[34].

Assim, os acordos de cooperação a que se refere o artigo 46.° do RJUE são contratos administrativos de colaboração, uma vez que associam o particular à prossecução de um interesse público[35], aos quais se aplica supletivamente o regime dos artigos 178.° e seguintes do CPA.

Tratando-se de contratos para a gestão de infra-estruturas ou espaços verdes situados em áreas integradas em domínio público municipal e não em propriedade privada, a opção por um modelo contratualizado ou pelo modelo de gestão directa por parte do município depende inteiramente da vontade deste. Por outro lado, se o município optar pela contratualização da gestão, é ainda livre de celebrar o respectivo contrato com os moradores ou grupos de moradores das zonas loteadas ou urbanizadas ou com outros particulares.

Contudo, neste último caso, aplicam-se as regras relativas à escolha do co-contratante previstas no artigo 182.° do CPA, ao contrário do que acontece se o município optar por celebrar o contrato de cooperação com os moradores.

---

[33] Aliás, no próprio Código Civil são utilizados vários termos como sinónimos de contrato, tais como "acordo" (nos artigo 394.°, n.° 2, 541, n.° 2, 623.°, n.° 3); "convenção" (nos artigo 394, n.° 1, 410, n.° 1, 582.° e 1698.°) e "pacto" (nos artigos 414.°, 415.°, 416.°, n.° 1).

[34] V. ALEXANDRA LEITÃO, *As Formas Contratuais...*, cit., págs. 454 e 455.

[35] Neste sentido, v. MARIA JOSÉ CASTANHEIRA NEVES, FERNANDA PAULA OLIVEIRA e DULCE LOPES, *op. cit.*, págs. 280 e 281.

O artigo 46.º, n.º 3, do RJUE determina, por sua vez, que quando se pretenda realizar investimentos em equipamentos de utilização colectiva ou em instalações fixas e não desmontáveis em espaços verdes, ou ainda a manutenção de infra-estruturas, deve optar-se pela celebração de um contrato de concessão, cujo regime está consagrado no artigo 47.º do mesmo diploma.

Trata-se de um contrato de concessão de uso privativo do domínio municipal, cujo principal traço distintivo relativamente aos acordos de cooperação se prende com o facto de o investimento realizado pressupor o financiamento privado[36].

O artigo 47.º, na redacção dada pela Lei n.º 60/2007, de 4 de Setembro, remete a regulamentação do contrato de concessão para diploma próprio (na versão original do RJUE exigia-se decreto-lei), que ainda não foi aprovado, o que é tanto mais grave quanto não existe no nosso ordenamento jurídico um diploma geral enquadrador dos contratos de concessão, ao contrário do que acontece, por exemplo, para as empreitadas de obras públicas.

Assim, aplicam-se as regras gerais do CPA, designadamente as relativas aos poderes da Administração em matéria de execução.

No entanto, o artigo 47.º do RJUE estabelece, desde logo, duas regras essenciais: a sujeição à fiscalização da câmara municipal, e a proibição, sob pena de nulidade das respectivas cláusulas, de os contratos vedarem o acesso e utilização do espaço concessionado por parte do público, apesar de se tratar de um contrato de concessão de uso privativo[37]. Esta solução merece, naturalmente, um aplauso, uma vez que visa garantir que os espaços integrados no domínio municipal não deixem de ser acessíveis ao público em geral.

6. O cumprimento dos contratos e a responsabilidade contratual das partes

À execução e cumprimento dos contratos urbanísticos aplicam-se, tal como acontece em matéria de validade, as regras gerais do CPA.

---

[36] V. Maria José Castanheira Neves, Fernanda Paula Oliveira e Dulce Lopes, *op. cit.*, pág. 281.

[37] Sem prejuízo de o diploma próprio a que se refere o preceito poder impor limitações, tais como o pagamento de taxas.

Assim, aplica-se o artigo 180.º do CPA quanto aos poderes de autoridade de que a Administração co-contratante dispõe, bem como as regras relativas à interpretação e declaração de invalidade dos contratos, nos termos dos n.ᵒˢ 1 e 2 do artigo 186.º do mesmo diploma.

Contudo, no que se refere ao cumprimento do contrato, existem especificidades relevantes, que decorrem essencialmente do facto de o objecto do contrato envolver o exercício de poderes públicos, quer se trate da aprovação de um plano elaborado, alterado ou revisto por um particular no âmbito de um contrato celebrado nos termos do artigo 6.º-A do RJIGT, quer se trate da prática de um acto administrativo. Neste sentido, pode mesmo distinguir-se entre obrigações contratuais em sentido estrito e obrigações contratuais cujo conteúdo é a prática de um acto administrativo (ou a aprovação de uma norma)[38].

Se o contrato for válido e o conteúdo do acto a cuja prática a Administração se comprometeu for compatível com o procedimento administrativo, o contrato tem de ser cumprido, sob pena de a entidade administrativa co-contratante incorrer em responsabilidade contratual. Neste caso, o particular pode optar por exigir judicialmente a execução do contrato ou por pedir uma indemnização pelo interesse contratual positivo, o que permite colocar o particular na mesma posição patrimonial que teria se o contrato tivesse sido integralmente cumprido[39].

Isto significa que a Administração incorre em responsabilidade contratual se deixar de cumprir o contrato invocando apenas uma nova avaliação da situação, sem que se verifiquem quaisquer circunstâncias supervenientes.

No caso particular dos contratos para a elaboração, alteração ou revisão de um plano, a situação afigura-se mais complexa, na medida em que o contrato é celebrado pela câmara municipal, mas o órgão competente para aprovar o plano é a assembleia municipal[40]. A obri-

---

[38] Sobre esta distinção, v. PEDRO GONÇALVES, *O Contrato Administrativo – Uma Instituição do Direito Administrativo do Nosso Tempo*, Coimbra, 2003, pág. 123.

[39] Neste sentido, v. HUERGO LORA, *Los Convenios...*, cit., pág. 146.

[40] Porventura seria de equacionar a possibilidade de, numa futura alteração legislativa, se consagrar que estes contratos passassem a ser aprovados pela assembleia municipal, o que resolveria esta questão.

gação assumida pela câmara municipal ao celebrar o contrato com o particular é apenas uma obrigação de meios e não de resultado, o que não afasta, contudo, o seu carácter juridicamente vinculativo.

Por isso, se a câmara municipal defender a aprovação do plano, da alteração ou da revisão elaborados pelo particular e envidar todos os esforços no sentido de obter a sua aprovação por parte da assembleia municipal não incorre em responsabilidade contratual se, ainda assim, a assembleia municipal não o fizer. Isto pode ocorrer, designadamente, por razões políticas quando a maioria dos deputados municipais não apoie o executivo camarário.

Neste caso, nem a assembleia municipal incorre em responsabilidade contratual porque não se vinculou contratualmente, nem a câmara municipal porque não incumpriu a sua obrigação contratual, enquanto mera obrigação de meios.

Isto não significa, contudo, que o co-contratante particular fique desprovido de tutela jurídica. De facto, o particular tem o direito de ser ressarcido com base no princípio da protecção da confiança, uma vez que estão verificados todas as condições para que haja dever de indemnizar pelo dano da confiança, a saber: (i) *uma actuação de um sujeito de direito que crie a situação de confiança justificada*; (ii) *uma situação de confiança injustificada do destinatário na actuação de outrem*; (iii) *a efectivação de um investimento da confiança*; (iv) *o nexo de causalidade*; (v) *a frustração da confiança por parte do sujeito que a criou*[41].

Esta indemnização cobre o interesse contratual negativo, isto é, as despesas que o particular suportou com a elaboração da sua proposta, bem como os lucros deixados de obter – por exemplo, o facto de não ter celebrado outros contratos para poder dar cumprimento ao contrato celebrado com a câmara municipal – mas distingue-se da indemnização pelo interesse contratual positivo, visto que esta coloca o co-contratante na situação que ficaria se o contrato fosse cumprido, enquanto aquela apenas reintegra a situação prévia à celebração do mesmo.

Nestes termos, o direito à indemnização é independente da eventual utilidade que o Município possa retirar da prestação contratual por si realizada, uma vez que assenta apenas na violação da protecção da confiança legítima do particular.

---

[41] V. MARCELO REBELO DE SOUSA e ANDRÉ SALGADO DE MATOS, *Direito Administrativo Geral*, Tomo I, 2.ª Edição, Lisboa, 2006, pág. 220.

No entanto, se se entender que a confiança suscitada na esfera jurídica do particular não merece tutela ressarcitória, visto que o contratante sabia – ou tinha obrigação de saber – que a câmara municipal não se podia obrigar contratualmente a aprovar o plano, uma vez que a competência para tal está legalmente cometida à assembleia municipal, sempre poderá haver lugar a enriquecimento sem causa.

Efectivamente, o co-contratante particular teria sempre direito a uma indemnização a título de enriquecimento sem causa pelo menos na estrita medida em que o plano ou a sua alteração ou revisão fossem de algum modo aproveitadas pelo Município.

Por sua vez, se o contrato for inválido porque o acto a cuja prática a entidade administrativa co-contrante se comprometeu é inválido ou não é adequado à prossecução do interesse público, a Administração não pode praticar esse acto.

A invalidade do acto ou a sua inadequação à prossecução do interesse público pode resultar: (i) de uma alteração das circunstâncias de facto ou das normas legais ou regulamentares aplicáveis; (ii) do resultado do procedimento administrativo legalmente estabelecido para a prática daquele acto, em virtude quer do conteúdo dos pareceres de outros órgãos administrativos que devam ser ouvidos no decurso do mesmo, quer tendo em conta os elementos que sejam levados ao conhecimento do órgão decisor por outros particulares cujos interesses devam ser ponderados no âmbito do procedimento em causa.

No caso de o acto – e o contrato – serem inválidos, a Administração não pode ser obrigada a cumprir o contrato, mas tem de indemnizar o particular co-contratante, a título de responsabilidade civil extracontratual. Contudo, ao contrário do que acontece com a responsabilidade contratual no caso de o contrato ser válido, a indemnização devida a título de responsabilidade civil extracontratual limita-se a ressarcir o interesse contratual negativo, isto é, os gastos despendidos com a celebração e execução do contrato.

7. A tutela judicial no âmbito dos contratos urbanísticos: breve nota

A referência à tutela judicial no âmbito dos contratos urbanísticos justifica-se na estrita medida em que exista uma especificidade ao nível dos meios judiciais aplicáveis a este tipo de contratos.

Ora, no que se refere às acções de validade e cumprimento do contrato, aplica-se, em princípio, o disposto no artigo 37.º, n.º 2, alínea h) do Código de Processo nos Tribunais Administrativos (CPTA).

Contudo, nos contratos cujo objecto é a prática de um acto administrativo, designadamente a concessão de uma licença urbanística, coloca-se a questão de saber se o meio processual adequado para tutelar o particular perante a recusa da Administração co-contratante em praticar esse acto é a acção administrativa comum acima referida ou, pelo contrário, a acção administrativa especial de condenação à prática de acto devido prevista nos artigos 66.º e seguintes do CPTA.

É que através desta última acção também se pode obter a condenação à prática de um acto contratualmente devido, justificando-se a sua aplicação no caso dos contratos urbanísticos que tenham como objecto a prática de actos administrativos, atendendo à natureza especial da obrigação contratual em questão[42].

Efectivamente, apesar de estar em causa o cumprimento de um contrato, a verdade é que a obrigação da entidade administrativa é o exercício de um poder público de autoridade e não uma prestação material[43].

Aliás, o próprio acto através do qual a Administração se recuse a praticar o acto contratualmente devido – que, como ficou dito *supra* é um acto sindicável judicialmente – é ele próprio impugnável contenciosamente através da mesma acção administrativa especial de condenação à prática de acto devido[44].

Mais complexa se afigura a questão do cumprimento dos contratos para a elaboração, alteração ou revisão de planos de urbanização e de planos de pormenor, por duas razões:

(*i*) em primeiro lugar, porque está em causa a aprovação de uma norma e não a prática de um acto administrativo, pelo que a aplicação da acção de condenação à prática de acto devido é muito duvidosa;

---

[42] Seguimos aqui a posição adoptada por PEDRO GONÇALVES, *op. cit.*, págs. 167 e 168.

[43] Antes da aprovação do CPTA, defendi a possibilidade de aplicar a acção de cumprimento do contrato, uma vez que a figura da acção de condenação à prática de actos administrativos não estava prevista no nosso ordenamento jurídico e o particular co-contratante não podia ficar sem tutela judicial. Cfr. ALEXANDRA LEITÃO, *A Protecção...*, *cit.*, pág. 170.

[44] Neste sentido, v. PEDRO GONÇALVES, *op. cit.*, pág. 168.

(*ii*) em segundo lugar, porque estes contratos são celebrados entre o particular e a câmara municipal, sendo que a competência para aprovar o plano, ou a respectiva alteração ou revisão cabe à assembleia municipal.

Ora, como foi referido *supra* este último aspecto implica que a obrigação contratualmente assumida pela câmara municipal seja uma mera obrigação de meios, não recaindo sobre a assembleia municipal nenhuma vinculação contratual quanto à aprovação da norma proposta pelo particular co-contratante.

Assim, se a câmara municipal não cumprir diligentemente a sua obrigação de meios – iniciando o procedimento necessário e defendendo a aprovação do plano elaborado pelo particular – incorre em responsabilidade contratual. Esta responsabilidade pode ser efectivada através da acção de condenação à prática de acto devido ou através da acção comum de execução do contrato, consoante esteja em causa a prática de um acto administrativo, por exemplo, iniciar um procedimento ou apenas obrigações de natureza material.

Contudo, se, apesar da diligência da câmara municipal, a assembleia municipal optar por não aprovar o plano, não existe responsabilidade contratual de nenhuma das duas entidades, desde logo porque esta última não se vinculou contratualmente.

Por outro lado, mesmo que assim não se entendesse, teria de se concluir que não existiria meio processual adequado, visto que a acção de cumprimento do contrato seria de afastar pelas mesmas razões que é afastada no caso dos contratos cujo objecto é a prática de um acto administrativo; e a acção de condenação à prática de acto devido não é aplicável.

De facto, não parece possível utilizar a acção dos artigos 66.º e seguintes do CPTA para exigir a emissão de uma norma administrativa, quer devido ao argumento literal – os preceitos referem-se sempre e só a "actos" e não "normas", quer porque existe um meio processual específico para o caso de omissão de normas. Este meio é a declaração de ilegalidade por omissão de normas administrativas, prevista no artigo 77.º do CPTA, mas limita-se às situações em que a adopção da norma seja necessária para dar exequibilidade a actos legislativos carecidos de regulamentação (cfr. o n.º 1 daquele preceito).

Sendo assim, conclui-se que, no que respeita aos contratos para a elaboração, alteração ou revisão de planos, a responsabilidade contratual não abrange a obrigação de aprovar a norma, não existindo, tão pouco, meio processual que permita obter a condenação da assembleia municipal.

NOS 20 ANOS DA LEI DE BASES DO AMBIENTE – A IMPORTÂNCIA DO ESTADO DE EMERGÊNCIA AMBIENTAL

por *Pedro Portugal Gaspar**

A 7 de Abril de 2007, a Lei de Bases do Ambiente (Lei n.º 11/87), atingiu o vigésimo ano da sua existência, configurando uma data simbólica, que permite obviamente tecer alguns comentários sobre a sua existência e, principalmente, sobre o quadro geral da tutela jurídico--ambiental. Trata-se obviamente de um tema vastíssimo que, em bom rigor, permite sim um conjunto de artigos e opiniões sobre este diploma, designadamente sobre a análise das partes mais relevantes do mesmo, ou eventualmente das mais controversas e significativas.

A nossa opção recai claramente sobre esta hipótese de trabalho, isto é, após uma análise muito sumária da Lei de Bases do Ambiente, como que a título comemorativo da data em questão, na qual pretendemos expressar alguma opinião sobre a valia deste diploma, seguir-se-á um apontamento sobre um aspecto específico desta lei. Com efeito, o preceituado nos artigos 34.º a 36 constitui um conjunto normativo do maior realce, já por nós abordado de forma mais exaustiva[1], mas merecedor de novos ângulos de análise, tanto mais que na situação de facto envolvente aumentam as situações de ameaça ambiental e, consequentemente, coloca-se com maior acuidade a resposta jurídica às situações de verdadeira emergência ambiental.

---

* Mestre em Direito, Docente Universitário.
[1] Em "O Estado de Emergência Ambiental", Almedina, Janeiro de 2005.

I

No tocante à breve nota sobre os 20 anos da Lei de Bases do Ambiente, desde logo cumpre recordar que Portugal é um dos estados que consagrou a realidade ambiental na sua lei fundamental, pelo que integra o grupo de países que adoptou um bloco de preceitos constitucionais que aborda a realidade ambiental, configurando portanto uma importante vertente ecológica na nossa Constituição. Sendo de realçar que o preceito central nesta matéria, artigo 66.º, denota uma teleologia antropocêntrica e revela, segundo Gomes Canotilho e Vital Moreira, uma noção "simultaneamente estrutural, funcional e unitário do ambiente."[2].

Assumida tal constitucionalização ambiental, importaria naturalmente proceder à respectiva densificação normativa, cuja concretização ficou a cargo da Lei n.º 11/87, de 7 de Abril, como aliás resulta desde logo do seu art. 1.º. Naturalmente que a existência de uma lei de bases não seria o único caminho para a densificação constitucional, veja-se aliás como Martín Mateo[3] considera desnecessária a existência de tal tipo de lei por a considerar relativamente inoperante e portanto deficiente na sua efectiva concretização. Afigura-se-nos contudo vantajoso a existência de tal normativo, entendendo-o sempre como um instrumento aglutinador que numa segunda fase carece de regulamentação parcial e não nunca um fim em si mesmo. Com efeito é um normativo que combina a linha programática com a da aplicação imediata, configurando um feixe de direitos e deveres muito concretos na execução da tutela jurídico-ambiental, pese embora tenha que ser por vezes articulada com diversa legislação regulamentar[4].

Na realidade portuguesa até podemos apontar o precedente histórico da tentativa de consagração de uma lei de bases do ambiente que, pese embora não tenha vingado, não deixa de constituir um importante

---

[2] Em "Constituição da República Portuguesa – Anotada", 3.ª edição, Coimbra Editora, 1993, pág. 347.

[3] Em "Tratado de Derecho Ambiental", Vol. I, 1.ª edição, Trivium, Madrid, 1991, pág. 233.

[4] Nesse mesmo sentido veja-se PEREIRA REIS em "Lei de Bases do Ambiente", Almedina, Coimbra, 1992, págs. 7 e 8.

marco de reflexão[5]. Parece assim relativamente pacífico, entre nós, a necessidade de existência de uma lei de bases, como instrumento legislativo preferencial para a densificação do respectivo quadro constitucional, pese embora nem sempre tenha sido entendida da melhor forma.

Com efeito, a vigência deste diploma ao longo destes vinte anos, no qual se assistiu a uma produção legislativa complementar galopante, nem sempre tem sido entendida da melhor forma, pois tem-se confundido acção legislativa com acção política. De facto, a Lei de Bases do Ambiente serviu muitas vezes de pretexto para a verificação da acção política dos executivos, designadamente se tinham ou não regulamentado a mesma, numa verdadeira obstinação pela "política decretal".

Certo é que a Lei de Bases do Ambiente constitui um marco indiscutível no nosso ordenamento jurídico, em especial na tutela jurídico-ambiental, mas espelhando também preocupações mais vastas, designadamente em matéria de ordenamento do território[6]. A conformação da legislação regulamentar com o normativo habilitante nem sempre foi conseguido, surgindo diversos exemplos de execução imperfeita[7], aos quais, a nosso ver, não foi indiferente a produção legislativa comunitária.

De facto, a multiplicidade das iniciativas legislativas comunitárias, combinadas com um excesso de temor administrativo-legal em sede de transposição, deslocou, por vezes de forma completa, o eixo de preocupação da iniciativa legislativa nacional para o texto da directiva em causa, esquecendo-se o próprio articulado da Lei de Bases e, pior ainda, raramente equacionando a possibilidade de ligação dos dois instrumentos habilitantes para a iniciativa legislativo-regulamentar a desenvolver.

---

[5] Tratou-se da iniciativa, em finais de 1973, de um projecto quadro de lei do ambiente, conforme é referenciado por RITA M. CAMPOS, SEBASTIÃO C. PEREIRA, FERNANDO A. MOREIRA e JOÃO C. SILVA, em "O Direito do Ambiente", Comissão Nacional do Ambiente, Lisboa, pág. 41.

[6] Veja-se a título exemplificativo o art. 27.º da lei em causa.

[7] Por exemplo a matéria atinente à Avaliação de Impacte Ambiental, conforme referenciámos no nosso trabalho "A Avaliação de Impacto Ambiental", revista Jurídica do Urbanismo e do Ambiente, n.º 14, Almedina, Coimbra, Dezembro 2000, pág. 138.

Por outro lado, principalmente no quadro da acção administrativa, tem-se preferido a legislação "objectivo-quantitativa", ou seja a que fixa parâmetros matemáticos e objectivos de actuação, em detrimento da legislação "subjectivo-qualitativa", isto é a que consagra situações gerais, verdadeiras cláusulas de escape em matéria ambiental. Ora, parece evidente que a Lei de Bases do Ambiente é claramente um diploma deste segundo grupo, razão pela qual nunca foi devidamente recepcionado e aplicado pela Administração Pública responsável pela área ambiental, uma vez que esta nunca sentiu o necessário conforto num diploma programático e qualitativo, ao contrário do que sente na aplicação de diplomas de cariz mecanicistas e objectivos.

Estes são em nosso entender os dois grandes motivos, recorde-se, intervenção da legislação comunitária e actuação administrativa assente numa visão excessivamente objectiva, que justificam algum divórcio entre o preceituado na Lei de Bases do Ambiente e a sua concretização plena na ordem jurídica, pelo menos em sede de intervenção administrativa. Ou pelo menos uma não optimização das suas potencialidades, uma vez que a Lei de Bases, segundo José Manuel Pureza[8], assimilou o modelo avançado da disciplina ambiental que está consagrado na Constituição, designadamente mantendo os três vectores em que assenta o entendimento pós-individualista do Direito do Ambiente, a saber, direito à informação, participação e acesso à justiça.

II

Quanto à segunda questão, central na presente reflexão, atinente às situações de emergência ambiental, importa recordar o conjunto de situações factuais que têm conduzido a tal enquadramento fáctico-valorativo. Com efeito, não só os designados desastres ecológicos, correspondentes a factos anormais e de grandes proporções, como outro tipo de acontecimentos, igualmente anormais, embora de menor dimensão mas com maior frequência, irão forçosamente ocorrer nos tempos mais próximos.

---

[8] Em "Tribunais, Natureza e Sociedade: o Direito do Ambiente em Portugal", Centro de Estudos Judiciários, Lisboa, 1997, pág. 41.

Alguns derivarão das designadas alterações climáticas, portanto de dinâmicas naturais, onde de forma indirecta se pode associar a intervenção humana e, outros, surgirão na sequência do maior ou menor "desordenamento do território", bem como do aumento da pressão humano-económica sobre os recursos existentes. De facto, aumento da poluição dos recursos hídricos, dos solos ou dos níveis de emissão para a atmosfera, a ponto de perigarem o equilíbrio da qualidade de vida humana, são situações que se tornarão recorrentes nos tempos vindouros, sem necessariamente corresponderem a catástrofes naturais, mas que determinarão verdadeiras situações ambientais de excepção, às quais só pode corresponder uma definição muito clara, a saber, declaração de estado de emergência ambiental.

Ora a Lei de Bases do Ambiente, no seu capítulo V, foi receptiva a tal problemática e dedicou três preceitos a esta realidade, recorde-se, artigo 34.º (declaração de zonas críticas e situações de emergência), artigo 35.º (redução e suspensão de laboração) e, por fim, artigo 36.º (transferência de estabelecimento), constituindo, como já defendemos, "…um conjunto homogéneo e coerente de situações com consagração normativa."[9].

Claro está que o "epicentro" jurídico desta temática está no artigo 34.º, precisamente aquele que permite uma declaração de zonamento espacial de excepção, verificados que estão os respectivos requisitos factuais de aplicação, dando então origem ao accionamento das medidas previstas nos artigos 35.º e 36.º que, embora não exaustivas, são sem dúvida reactivas para uma situação de crise ambiental.

Com efeito, permitir-se a redução ou mesmo a suspensão de laboração e, no limite, a transferência do estabelecimento, são sem dúvida importantes prerrogativas da Administração, accionáveis em situações limite, que obviamente implicam uma forte colisão com o direito, também ele fundamental, da livre iniciativa económica. Naturalmente que tais situações, para serem verdadeiramente de excepção ambiental, têm que ocorrer na dinâmica e vida útil da actividade económica em questão, fonte geradora de poluição, a qual só supervenientemente é que encerrou um comportamento poluidor.

---

[9] Em "O Estado…", ob. cit., pág. 45.

Isto é, as exigências supervenientes de novos parâmetros de qualidade ambiental, ou regras de construção, ou ainda parâmetros de protecção às comunidades locais, obrigam a correcções do tecido produtivo em questão, razão pela qual são necessárias medidas correctivas de excepção, muitas vezes contratualizadas com os agentes económicos, tal como se prevê nos números 2 e 3 do artigo 35.° da Lei de Bases do Ambiente. Portanto não surgem para fazer face a situações ilícitas iniciais, sempre até conformes com o quadro legislativo no momento da sua implementação mas, cuja dinâmica envolvente futura, impõe um conjunto de restrições para agora serem observadas, num quadro verdadeiramente multilateral, como sustenta Vasco Pereira da Silva, que afinal é a "...grande característica do Estado Pós-Social, com decisões típicas da Administração prospectiva ou prefigurativa não têm um relacionamento bilateral, mas afectam uma multilateralidade de sujeitos."[10], a qual ocorre em larga medida na tutela jurídico-ambiental, como ainda recorda o mesmo autor, na medida em que, "no domínio da Administração do Ambiente, tanto a multilateralidade, como o esbatimento das fronteiras entre formas de actuação individuais e genéricas constituem realidades quotidianas."[11].

A imposição de tais medidas de correcção excepcional, seja as dos artigos 35.° ou 36.° da Lei de Bases do Ambiente, ou ainda outras a fixar no quadro discricionário da Administração, implicam o devido ressarcimento económico aos particulares. De facto tais práticas, legítimas por parte da Administração, não deixam de configurar situações de responsabilidade da Administração por actos de gestão pública, enquadráveis na responsabilidade por actos lícitos, pois como já sustentámos, "...o interesse colectivo de protecção ambiental impôs o accionamento urgente e necessário de certas medidas, ditadas pela necessidade imperiosa de uma actuação eficaz, às quais foi inerente um prejuízo causado aos particulares, pelo que se impõe o respectivo ressarcimento, nos termos gerais aplicáveis."[12].

---

[10] Em "Em Busca do Acto Administrativo Perdido", Almedina, Coimbra, 1998, pág. 130.
[11] Em "Verde Cor do Direito – Lições de Direito do Ambiente", Almedina, Coimbra, 2002, pág. 141.
[12] Em "O Estado de...", ob. cit., pág. 161.

Claro está, de acordo com os requisitos aplicáveis à responsabilidade da Administração por actos lícitos, os prejuízos têm que revestir um carácter significativo e portanto devidamente valorado, os quais sem dúvida encontram-se preenchidos quando se impõe a redução ou suspensão de laboração e, por maioria de razão, a transferência de estabelecimento. Cremos, portanto, que existirá um crescendo das situações factuais que justificam o accionamento das medidas excepcionais de correcção ambiental mas, estas mesmas medidas, implicarão igualmente um aumento da responsabilização indemnizatória da Administração, pois tal como refere igualmente Vasco Pereira da Silva, "...a indemnização pelos prejuízos causados em situações de emergência «encaixa que nem uma luva» às situações de «estado de necessidade ambiental» (v.g. desastre numa central nuclear, derramamento de petróleo no mar). Nesses casos, as autoridades públicas são responsáveis pelos prejuízos causados a terceiros pelas medidas destinadas a pôr termo a esse estado de necessidade."[13].

Obviamente que a sindicabilidade judicial é não só possível como desejável, antes de mais para aferir da razoabilidade de actuação da Administração, ou seja se tais medidas foram ou não legítimas para fazer face à ameaça existente. Como bem alerta Gomes Canotilho, "...a inobservância ou inexistência dos pressupostos do estado de necessidade pode fazer-nos transitar da responsabilidade por actos lícitos para a responsabilidade por actos ilícitos."[14], o que pode implicar uma diferente mensurabilidade da indemnização em causa, essa sempre devida, mas com contornos e consequências objectivamente diferenciados.

Por outro lado, admitindo que nos encontramos no campo dos actos lícitos, sem dúvida a generalidade das situações, há naturalmente que questionar se a medida encontrada foi a correcta. Isto é, se houve ou não a devida proporcionalidade na compressão dos direitos económicos versus os valores ambientais a defender, portanto se foi respeitada, ou não, a devida e necessária "fundamentação ecológica", entendida esta como "...a necessidade de ponderar tanto os benefícios de

---

[13] Em "Verde Cor...", ob. cit., pág. 263.
[14] Em "O Problema da Responsabilidade do Estado por Actos Lícitos", Almedina, Coimbra, 1974, pág. 267.

natureza económica como os prejuízos de natureza ecológica de uma determinada medida, afastando por inconstitucionalidade a tomada de decisões insuportavelmente gravosas para o ambiente."[15].

Torna-se assim evidente que existirá um conjunto crescendo de situações factuais que determinarão a intervenção da Administração, mas uma intervenção imposta e justificada por razões de excepcionalidade e, consequentemente, verdadeiramente excepcionais e emergentes, cuja fundamentação assentará na necessária protecção ambiental. Claro está que por se tratarem de iniciativas desta natureza as mesmas encontram-se tituladas pelo Direito, designadamente pelo quadro positivado no n.º 2 do artigo 3.º do Código do Procedimento Administrativo, que mais não é que um "mínimo regime legal"[16], portanto inseridas num verdadeiro bloco de legalidade uma vez que "...o regime muito amplo do Código do Procedimento Administrativo visa englobar o estado de necessidade como um todo, o que converte o respectivo regime num regime legal excepcional, que o mesmo é dizer projectando, também ele, o princípio da legalidade."[17]. Tal situação permitirá a devida sindicabilidade, cujo pedido residirá sempre numa lógica de ressarcimento dos prejuízos ou limitações sofridos, portanto reconduzíveis à lógica da responsabilidade civil da Administração, por actos lícitos, mas que importará naturalmente aferir da respectiva fundamentação, por forma a constatar-se, ou não, se o sacrifício imposto é justificado para defesa dos valores em causa, dando assim corpo à correcta "fundamentação ecológica das relações multilaterais".

Portanto tem que se verificar todo um quadro, o qual poderíamos resumir do seguinte modo:

a) Carácter excepcional e urgente da situação factual subjacente;
b) Legitimidade jurídica das medidas tomadas nesse mesmo quadro, ou seja possuírem a necessária "fundamentação ecológica";

---

[15] Como ensina Vasco Pereira da Silva em "Verde Cor...", ob. cit., pág. 73.

[16] Conforme sustentaram Freitas do Amaral, João Caupers, João Martins Claro, João Raposo, Maria da Glória Garcia, Pedro Siza Vieira e Vasco Pereira da Silva, em "Código do Procedimento Administrativo – Anotado", 3.ª edição, Almedina, Coimbra, 2001, pág. 40.

[17] Assim o entende Marcelo Rebelo de Sousa em "Lições de Direito Administrativo", Lisboa, 1995, pág. 107.

c) Resolução da situação de emergência com a aplicação das medidas previstas no regime de excepção;
d) Tendência para uma indemnização devida aos particulares afectados pelas medidas impostas pela Administração, sempre que as mesmas provoquem os designados prejuízos sérios e se revistam da competente proporcionalidade.

Toda esta realidade foi já por nós defendida pois, embora partindo dos preceitos já citados da Lei de Bases do Ambiente (arts. 34.º a 36.º), que agora comemoram 20 anos de existência, também considerámos que "...há um conjunto normativo próprio e específico de legalidade excepcional no seio da tutela jurídico-ambiental. Tal matéria, mais que a simples enunciação normativa, congrega em si também o quadro doutrinário referente a tal figura, pelo que desse conjunto, avançado desde logo pelo legislador ambiental, ainda que por vezes com algumas incoerências na explanação de todo o regime jurídico, permite destacar uma preocupação homogénea que mais não é que a consagração de um verdadeiro estado de emergência ambiental, ainda que auxiliado doutrinalmente, para a sua efectiva e total consagração, como cremos, que o mesmo existe na realidade jurídica nacional."[18]. Com efeito, a designada legislação ordinária, seja em sede de protecção do ar, gestão de resíduos, prevenção e controlo integrado de poluição ou protecção do ruído, fixou um regime cautelar e de excepção, nem sempre homogéneo e coerente, seja na durabilidade e tipo de medidas a aplicar, bem como o nível orgânico-institucional competente para as aplicar, mas indiscutivelmente próprio, excepcional e específico da tutela jurídico-ambiental, conforme anteriormente o evidenciámos abundantemente[19].

Mas hoje, também sobre esta temática, importa ter presente a Lei n.º 58/2005, de 29 de Dezembro, que aprovou a Lei da Água, a qual no seu artigo 44.º, sob a epígrafe "estado de emergência ambiental", consagrou em termos de direito positivo esta figura, ou pelo menos designando-a em concreto, mas no fundo reconhecendo aquilo que já fora enunciado desde a Lei de Bases do Ambiente, passando pela demais legislação complementar. Daí que não estranhamos a sua con-

---

[18] Em "O Estado de Emergência...", ob. cit., pág. 174.
[19] Em "O Estado de Emergência...", ob. cit., págs. 72 a 80.

sagração, sublinhando apenas e desde logo a sua enunciação formal, isto é o facto de se designar concretamente como "estado de emergência ambiental", o que pode e deve perspectivar uma unidade futura no tratamento desta temática, nomeadamente estabelecendo uma coerência das medidas excepcionais a adoptar, bem como o nível orgânico-institucional competente para o efeito e, ainda a duração de tais medidas.

Com efeito, a homogeneização do regime a aplicar traria vantagens, designadamente nos aspectos acima referenciados, mas obviamente que deixando uma margem de apreciação própria para a Administração actuar, conforme a especificidade de cada situação. Assim, para o recurso água, a Lei n.º 58/2005, de 29 de Dezembro, no seu artigo 44.º, consagrou normativamente o "estado de emergência ambiental", mas obviamente que tal preceito tem o seu campo de aplicação vocacionado para o recurso água, pelo que seria conveniente que a demais legislação ambiental superveniente, em especial quando protectora de diverso recurso ambiental, deveria incluir preocupação semelhante, isto é possuir um preceito atinente ao estado de emergência ambiental.

Claro que sempre na falta de preceito que espelhe esta opção poder-se-á recorrer não só aos ensinamentos dos artigos 34.º a 36.º da Lei de Bases do Ambiente, como ainda à aplicação analógica deste mesmo artigo 44.º da Lei da Água, assumindo claramente que há identidade no tratamento das situações referentes aos demais componentes ambientais. Tal entendimento radica no estipulado pela Lei de Bases, neste caso no tratamento unitário dos componentes ambientais e, por isso mesmo, a possibilidade em se invocar a aplicação do regime estipulado pelo artigo 44.º da Lei da Água, mas sempre e só nas situações em que o regime específico do componente em questão não preveja norma de protecção cautelar excepcional ainda que a mesma não contenha a designação formal de "estado de emergência ambiental", mas que materialmente corresponda inequivocamente a um verdadeiro tratamento de um estado de emergência ambiental, como aliás resulta dos exemplos por nós supra mencionados e desenvolvidos de acordo com a referência da nota 19.

Assim, a adopção de um preceito como o artigo 44.º da Lei da Água deve ser saudado, não tanto pela sua inovação, pois cremos que a mesma não é absoluta, mas antes e principalmente pelo carácter disciplinador e clarificante que o mesmo pode trazer ao nosso ordenamento jurídico. Esperemos que nos tempos mais próximos, a propósito da nova legislação ambiental a publicar, seja reflectida de forma indiscutível, sempre que se justifique, o instituto do "estado de emergência ambiental", que indiscutivelmente vai conhecer uma dinâmica factual que imporá o accionamento de tal figura e, consequentemente a devida articulação com os direitos dos agentes económicos, *maxime* dirimidos judicialmente em sede de responsabilização da Administração.

III – BIBLIOGRAFIA

1. AMARAL, Diogo Freitas do; CAUPERS, João; CLARO, João Martins; RAPOSO, João; GARCIA, Maria da Glória; VIEIRA, Pedro Siza; SILVA, Vasco Pereira da – "Código do Procedimento Administrativo – Anotado", Almedina, Coimbra, 3.ª edição, 2001.
2. CAMPOS, Rita M.; PEREIRA, Sebastião C.; MOREIRA, Fernando A.; SILVA, João C. – "O Direito do Ambiente", Comissão Nacional do Ambiente, Lisboa.
3. CANOTILHO, José Joaquim Gomes – "O Problema da Responsabilidade do Estado por Actos Lícitos", Almedina, Coimbra, 1974.
4. CANOTILHO, José Joaquim Gomes e MOREIRA, Vital – "Constituição da República Portuguesa – Anotada", 3.ª edição, Coimbra Editora, 1993.
5. GASPAR, Pedro Portugal – "A Avaliação de Impacto Ambiental", in "Revista Jurídica do Urbanismo e do Ambiente", n.º 14, Almedina, Coimbra, Dezembro, 2000.
   – "O Estado de Emergência Ambiental", Almedina, Janeiro, 2005.
6. MATEO, Ramon Martín – "Tratado de Derecho Ambiental", Vol. I, 1.ª edição, Trivium, Madrid, 1991.
7. PUREZA, José Manuel – "Tribunais, Natureza e Sociedade: O Direito do Ambiente em Portugal", Centro de Estudos Judiciários, Lisboa, 1997.
8. REIS, João Pereira – "Lei de Bases do Ambiente – anotada", Almedina, Coimbra, 1992.
9. SILVA, Vasco Pereira da – "Em Busca do Acto Administrativo Perdido", Almedina, Coimbra, 1998.
   – "Verde Cor do Direito – Lições de Direito do Ambiente", Almedina, Coimbra, 2002.
10. SOUSA, Marcelo Rebelo de – "Lições de Direito Administrativo", Lisboa, 1995.

REGULAÇÃO E RESPONSABILIDADE CIVIL NO DOMÍNIO AMBIENTAL
– *Análise a partir da Teoria da Agência*[*]

por *Tiago Souza d'Alte*

SUMÁRIO: 1. INTRODUÇÃO. – 2. A TEORIA DA AGÊNCIA NO DOMÍNIO AMBIENTAL: 2.1. A Teoria da Agência e a sua aplicabilidade no domínio ambiental; 2.2. Os conceitos centrais da Teoria da Agência: 2.2.1. Incentivos; 2.2.2. Assimetria informativa e inobservabilidade; 2.2.3. Custos de agência; 2.3. A escolha de instrumentos de tutela ambiental na lógica da Teoria da Agência. – 3. A COMPOSIÇÃO DA REGULAÇÃO AMBIENTAL: 3.1. Os instrumentos de *comando e controlo*; 3.2. Os instrumentos debase económica; 3.3. Assimetria informativa e inobservabilidade; 3.4. Custos de agência. – 4. A COMPOSIÇÃO DA RESPONSABILIDADE CIVIL AMBIENTAL: 4.1. A opção por um regime de responsabilidade civil ambiental; 4.2. Assimetria informativa e inobservabilidade; 4.3. Custos de agência; 4.4. A cobertura financeira dos danos ambientais: 4.4.1. Seguro, garantias financeiras e fundos ambientais; 4.4.2. Assimetria informativa e inobservabilidade; 4.4.3. Custos de agência.

1. Introdução

Os problemas ambientais tem merecido extensa reflexão no campo da análise económica do direito, que os tem equacionado como problemas de ineficiência económica na utilização de recursos comuns

---

[*] O presente texto corresponde, com ligeiras alterações, ao Relatório de Mestrado apresentado, em Outubro de 2007, na Faculdade de Direito da Universidade de Lisboa, no âmbito do seminário de Análise Económica do Direito orientado pelo Prof. Doutor Fernando Araújo.

– em que a poluição surge como uma nova manifestação do ancestral dilema da *tragédia dos comuns*.

Essa reflexão incidiu, numa primeira fase, sobre a melhor forma de o Estado exercer uma tutela ambiental susceptível de garantir a preservação, dir-se-ia a todo o custo, desses recursos comuns, gizando melhores formas de conduzir essa tutela de molde a atingir resultados socialmente mais eficientes. Esses mecanismos, designados de *comando e controlo* porque assentes numa lógica de fixação pública de limites a uma actividade e subsequente fiscalização, são ainda hoje a solução prevalecente no ordenamento jurídico, pois evidenciam uma postura activa e repressiva do Estado, normalmente reconfortante para o cidadão comum que crê estar garantida a defesa desses bens – ainda que, na realidade, seja em muitos casos apenas ilusória, já que, por via de regra, os resultados ficam aquém do esperado.

Uma outra crença, a de que os problemas ambientais não são problemas de mercado e que, por isso, são insusceptíveis de ser resolvidos com soluções de mercado, tem retardado a aplicação generalizada das novas respostas encontradas por esta disciplina, designadas por instrumentos de base económica. Trata-se, muitas vezes, de objecções éticas a que se lide com os problemas ambientais através da concessão de direitos privados sobre esses recursos comuns (*property rights*). Mas os sistemas de quotas ou licenças transaccionáveis, os mercados de emissões e a tributação e subsidiação ambientais têm permitido obter resultados mais satisfatórios na redução de cargas poluentes e no domínio da exaustão e extinção de recursos.

Mais recentemente, tem-se apontado a fixação de regimes de responsabilidade civil ambiental (*liability rules*) como um instrumento particularmente apto à prossecução da tutela ambiental, dado que ao Estado se oferece a possibilidade de ver atingidas as suas metas ambientais com o contributo activo dos próprios interessados na defesa dos recursos comuns.

É no contexto da Teoria da Agência que o presente trabalho procura em primeiro lugar enquadrar os problemas ambientais, enquanto problemas de relações de coordenação entre vários interesses e vários comportamentos; e, em segundo lugar, que procura também escrutinar de que forma se comportam as diferentes soluções ao nível da eficiência económica, de acordo com a Teoria da Agência.

2. A Teoria da Agência na composição da regulação ambiental

2.1. *A Teoria da Agência e a sua aplicabilidade no domínio ambiental*

1. Entende-se por *relação de agência* aquela em que alguém beneficia das acções e decisões tomadas por outrem por sua conta ou em sua representação – o *principal* e o *agente*[1]. É quase intuitivo que numa relação de agência se coloca a problemática da criação mútua de exterioridades (positivas e negativas): o *agente* é investido na função de agir e tomar decisões por conta do *principal*, as quais são susceptíveis de afectar positiva ou negativamente o bem-estar de um e do outro. Estes efeitos externos das decisões ou acções do *agente* são negativos ora para o *principal*, ora para o *agente*: as modificações da acção do *agente* que sejam resultado da preferência do *principal* comportam desutilidades para o *agente*, uma vez que se vê assim impedido de maximalizar o seu bem-estar; e o inverso é igualmente verdadeiro. Bem se entende que assim venha a suceder, já que tanto o *agente* quanto o *principal* têm valores diferentes associados às acções a desenvolver.

2. Beneficiando o *principal* da actuação, representação ou decisão do *agente*, ele maximizará as suas utilidades quanto maior for o esforço e a diligência desenvolvidos pelo *agente* no exercício da tarefa que lhe foi confiada. Por seu turno, o *agente* age não com o propósito de atribuir altruisticamente o maior benefício possível ao *principal*, mas sim, como qualquer outro agente económico, pela maximização do seu próprio bem-estar e das utilidades que retira para si a partir da tarefa que desenvolve. O que sucede não só com a percepção de incentivos que lhe sejam atribuídos pelo *principal* para realizar convenientemente uma tarefa, como também com a procura do seu próprio proveito à margem do interesse daquele em cujo benefício age[2].

É este, então, o problema central da relação de agência: o *agente* não realizará o esforço adequado para proporcionar as utilidades máximas que o *principal* representou e desejou, a não ser que o *principal*

---

[1] Ross, S.A. (1973), 134; Araújo, F. (2007), 596.
[2] Araújo, F. (2007), 597.

consiga estabelecer uma relação que vença os obstáculos do desalinhamento de interesses e da assimetria informativa, ou seja, em que se (*i*) estipule uma compensação que funcione como adequado estímulo à sua realização e (*ii*) se consiga observar a plenitude das acções do *agente*. Caso contrário, o *agente* tenderá a actuar em representação ou em benefício do *principal* com recurso ao menor esforço possível, do que resulta, invariavelmente, um resultado aquém do esperado pelo *principal*[3]. No limite, como se verá, o *agente* sucumbirá à tentação de abandonar o desempenho da tarefa que lhe é exigida, para se concentrar exclusivamente na satisfação do seu próprio interesse e na maximização das suas utilidades, sem ter em consideração o resultado final daí adveniente para o *principal*.

3. O estudo da relação de agência centra-se canonicamente nas relações jurídicas estabelecidas entre comitente e comissário, accionistas e administradores, entidade patronal e trabalhador e, de um modo geral, entre co-contratantes. Mas nem por isso um contexto hierárquico ou organizativo é definidor da relação de agência, podendo esta existir numa qualquer relação obrigacional expressa ou implícita[4].

Pode até dizer-se que cada cidadão é *agente* de todo e qualquer outro cidadão numa infindável multiplicidade de situações. Quando se conduz cuidadosamente, é-se investido na condição de *agente* dos outros condutores – os que beneficiam dessa condução cuidadosa; ao evitar pagar os impostos devidos, age-se em prejuízo dos demais contribuintes-*principais*, aumentando-se as medidas de supervisão e controlo à evasão fiscal e a própria carga fiscal dos contribuintes cumpridores[5].

Por outro lado, é possível equacionar o próprio Estado como um mecanismo de resolução de problemas de agência: cada cidadão é *agente* dos demais cidadãos, mas nem sempre com o necessário incentivo a actuar com o devido cuidado – como seja nos referidos casos da condução ou dos deveres fiscais; o Estado surge então como um mecanismo comum produtor de normas legais dissuasoras de comportamentos prejudiciais e sancionador da violação dessas mesmas normas. Solução essa que não é isenta de criação de novos problemas de agên-

---

[3] Ross, S.A. (1973), 134; Araújo, F. (2005), 426-427.
[4] Stiglitz, J.E. (1987), 967-968; Smith, C.W. (1987), 39.
[5] Posner, E.A. (2000), 7.

cia, nomeadamente a dificuldade de estabelecer mecanismos que impeçam o Estado de actuar de forma contrária ao interesse dos cidadãos, seja ao nível do poder executivo, legislativo ou judicial[6].

Subindo um degrau, o próprio processo de integração europeia não pode deixar de ser encarado, em muitas das suas vertentes, como origem de múltiplas relações de agência em que são protagonistas, de forma cruzada, os Estados-membros, os seus cidadãos e os diversos órgãos comunitários[7].

4. Ora, também os problemas colocados no domínio ambiental são problemas de agência, numa dupla perspectiva. Desde logo, estabelecem-se relações de agência entre todos os utilizadores concorrenciais de um determinado recurso natural: pense-se na formulação típica dos utilizadores comuns de um curso de água, em que as acções de um *agente* interferem directa ou indirectamente no aproveitamento que os demais utilizadores – os seus *principais* – fazem desse mesmo recurso, gerando externalidades positivas ou negativas consoante opte por acções mais cuidadosas, que contribuam para a conservação do recurso, ou mais negligentes, que contribuam para a sua exaustão. Pense-se ainda na produção de ruído, de gases de efeito estufa ou, ainda, no caso igualmente simples da produção de resíduos e respectivo tratamento[8].

Mas podemos ainda conceber as relações estabelecidas entre Estado e os particulares no domínio ambiental como relações de agência, em particular no quadro da imposição de determinados padrões ambientais por via legislativa, regulamentar ou administrativa – em que o Estado tanto é o *agente* dos cidadãos-*principais* ao exercer o papel de representante comum da defesa de bens ambientais difusos, quanto *principal* dos cidadãos-*agentes* ao garantir a respectiva tutela, fixando e vigiando e impondo o cumprimento de metas ambientais.

---

[6] Posner, E.A. (2000), 11.
[7] Faína, J.A., A. García-Lorenzo & J. López-Rodríguez (2006), 6.
[8] Posner, E.A. (2000), 7.

2.2. Os conceitos centrais da Teoria da Agência

2.2.1. Incentivos

5. A atribuição a um *agente* da incumbência de obter um resultado óptimo pretendido pelo *principal* deve ser acompanhada de um sistema de incentivos que induza o *agente* a tomar as decisões correctas e a desenvolver os esforços desejados pelo incumbente[9].

Para que se produza o efeito pretendido, o *principal* deve oferecer ao *agente* uma compensação, que pode ser um pagamento pecuniário ou uma outra forma de remuneração, dependente da verificação de um resultado, que premeie o incumbido pelo esforço despendido ou pelo risco assumido e que induza o *agente* a abster-se de tomar as decisões que seriam da sua preferência (e não da do *principal*) para, com idêntica importância, o induzir a agir num certo sentido ou a tomar um determinado tipo de decisões (essas sim, do interesse do *principal*)[10].

O acordo de incentivos perfeito é aquele que configura (e blinda) um total alinhamento de interesses entre *principal* e *agente*, satisfazendo as expectativas tanto do *principal* quanto do *agente* relativamente à criação mútua de utilidades, as quais são maximizadas no seio da *relação de agência*, e eliminando no *agente* a já referida tentação para abandonar o (pelo menos, escrupuloso) desempenho da tarefa que lhe é exigida[11]. Se o *principal* conseguir observar e controlar totalmente o nível de esforço e diligência efectivamente dispendido pelos *agentes*, estará em condições de lhe atribuir a adequada medida de incentivos à produção do resultado pretendido e à maximização das suas utilidades e do seu bem-estar. Esse incentivo compensatório constitui, por seu turno, a tradução do máximo benefício – a máxima utilidade – que o *agente* pode retirar, atingindo essa relação um *óptimo paretiano* – ou, dito de uma perspectiva coaseana, um resultado de efi-

---

[9] A problemática dos incentivos não é, evidentemente, exclusiva da reflexão produzida no contexto da Teoria da Agência. É todavia no seu seio que acaba por ser exponenciado o papel dos sistemas de incentivos e adequadamente explicada a sua importância para os fins de eficiência económica. V. Araújo, F. (2007), 599; Stiglitz, J.E. (1987), 967.

[10] Como uma remuneração composta por uma parte fixa e outra variável; ou pela atribuição de prémios, como stock options, no caso de gestores de empresas: V. Araújo, F. (2005), 429.

[11] Stiglitz, J.E. (1987), 968-969.

ciência económica entre as duas partes sempre que ocorra a ausência de custos de transacção[12].

2.2.2. Assimetria informativa e inobservabilidade

6. Sucede que, na prática, o óptimo de eficiência paretiana não é alcançado porque não são perfeitas as condições para a criação do sistema de incentivos – e, reflexamente, o mesmo também não é perfeito. Para que esse ponto *óptimo* se produzisse, necessário seria que o *principal* dispusesse da mesma informação que o *agente* acerca do desempenho das suas tarefas, tal como o *agente* relativamente ao resultado final desejado pelo *principal*, uma espécie de *levantamento do véu da ignorância* sobre as características e a vontade dos protagonistas da relação, o que dificilmente acontecerá. Só num mundo ideal podemos pensar que a informação é para todos gratuita, universal e ilimitadamente disponível[13].

E a existência de assimetria informativa na relação entre *principal* e *agente* não será um mero caso fortuito ou o ambiente natural em que vivem as partes; pode ser também um contexto criado (ou potenciado, pelo menos) pelos próprios protagonistas, como conduta estratégica para procurar a maximização do respectivo bem-estar, já que a consideram, antes do início e durante a relação de agência, como uma espécie de vantagem negocial para explorar a ignorância racional da outra parte[14].

Em resultado, o *principal* aprende com grande dificuldade – quando aprende –, no momento anterior à constituição de uma relação de agência, a totalidade das características do indivíduo que actuará em sua representação ou em seu benefício e que concerteza serão relevantes para a produção do resultado desejado – ficam assim de fora as denominadas *características ocultas*. Numa fase subsequente, quando se desenrola a própria relação, escapa ao seu controlo a globalidade do esforço produzido pelo *agente* para obter o resultado – o designado *esforço oculto*.

---

[12] Coase, R.H. (1960), 10-15; Ross, S.A. (1973), 138; Araújo, F. (2007), 284.

[13] Jensen, M.C. & W.H. Meckling (1976), 330-340; Posner, E.A. (2000), 4; Araújo, F. (2005), 412.

[14] Araújo, F. (2007), 281.

Há, assim, uma inobservabilidade (total ou parcial) do *principal* relativamente à informação relevante sobre o *agente*, tanto no momento anterior à formação da relação de agência – em que se faz a escolha do *agente* – quanto durante a própria execução da tarefa, que recai sobre as características reais do *agente* e sobre a diligência com que ele se coloca ao serviço do comitente; e essas assimetria informativa e inobservabilidade das características e esforço do *agente* constituem os elementos determinantes da configuração e execução da relação de agência.

7. Essa inobservabilidade impede, no momento concepção da relação de agência, o *principal* de saber como alinhar na perfeição o seu interesse com o interesse e o comportamento do *agente*, condicionando reflexamente a concepção dos incentivos a atribuir, afastando--os do modelo ideal conducente à relação óptima[15]. Os incentivos vão ser então fixados com o *principal* e o *agente* em planos desiguais de informação, tentando, de parte a parte, realizar capturas de renda. A assimetria informativa converte-se desse modo num custo de transacção, fonte de diminuição da eficácia dos incentivos que promoveriam essa harmonização de interesses e alinhamento de comportamentos.

Mas mais ainda, a assimetria informativa condiciona a própria escolha do *agente* pelo *principal*: o *principal* vê-se na situação de ter de seleccionar um *agente* de entre um universo aberto de potenciais *agentes*, que diferem substancialmente entre si nas suas características intrínsecas, tomando opções sem conseguir projectar com a necessária precisão as suas consequências em face das características individuais do *agente*. Nestas situações de informação assimétrica anterior à criação da relação de agência, o risco está pois do lado do *principal*, visto que a integralidade da informação relevante está na esfera dos potenciais agentes e só com o desenrolar da relação de agência é que saberá se fez ou não uma boa escolha, nomeadamente se daí resulta a plena satisfação das suas necessidades.

Ora, esta deficiência de repartição de informação conduz o *principal* a actuar com uma estratégia de selecção adversa, oferecendo um preço mediano pela oferta de *agentes* no mercado situados num universo de indiferenciação qualitativa – em que haja a mesma probabilidade de a escolha ser boa ou má. Dito de outro modo, o *principal* ten-

---

[15] Grossman, S.J. & O.D. Hart (2003), 148.

derá a oferecer incentivos para obter um resultado de forma indiferenciada relativamente às características individuais dos candidatos a agentes.

É uma estratégia defensiva susceptível de produzir bons e maus resultados. Por um lado, conduz ao afastamento do mercado dos *bons* agentes, deixando-o aberto aos potenciais *maus* agentes. Por outro, perante fenómenos de selecção adversa os vendedores de produtos de qualidade superior à mediana têm interesse em transmitir informação gratuita e credível ao comprador, para assim não serem eliminados pela selecção adversa[16]. Correspondentemente, os potenciais *bons* agentes procurarão facultar o maior volume de informação ao *principal*, limitando a dimensão da assimetria informativa e possibilitando uma escolha mais informada – e, necessariamente, incidente sobre esses candidatos a *agente*. Finalmente, não deve ser colocado de lado o papel que a reputação desempenha num contexto de mercado, a qual constitui uma modalidade sustentada de agregação de informação sobre as características dos potenciais agentes – ainda que seja vulnerável a idênticos problemas de selecção adversa.

8. Do lado do *agente* – e numa fase já de execução da relação de agência –, como por via de regra o seu interesse não está totalmente alinhado com o do *principal*, ele não agirá do modo que lhe é exigido ou do modo que o *principal* teria contratado se dispusesse de informação completa e perfeita. Basta pensar, por exemplo, que um empregado pode não adequar o seu esforço ao que a situação exigiria, ou que pode adoptar comportamentos excessivamente conservadores face ao risco – ou ainda, pode entrar em linhas de acção que comportam um risco excessivo de perdas para a entidade patronal[17].

O *agente* tenderá a assumir o risco moral (*moral hazard*) de abusar da sua vantagem informativa perante o *principal* para não cumprir, ou cumprir deficientemente, as obrigações que o vinculam, dada a insuficiência dos incentivos que lhe são dados no sentido de alinhar a sua conduta com os interesses do *principal*. Joga, assim, num cálculo custo-benefício entre os proveitos que retira da inadimplência e a dificuldade (ou impossibilidade) de detecção do incumprimento. Pode aliás dizer-se que o *agente* apenas fará o que dele é esperado se (e só

---

[16] Araújo, F. (2005), 418.
[17] Posner, E.A. (2000), 2-4; Stiglitz, J.E. (1987), 967.

se) a utilidade que daí retirar for superior à utilidade que retira do incumprimento, em que se inclui tanto o seu ganho quanto as hipóteses de ser detectado e penalizado. E tanto assim é que uma das variáveis mais decisivas para o *agente* no desenho das suas alternativas e na escolha da sua opção – e que mais tende a tornar as suas acções inadequadas e mais propensas ao dano – é a sua condição de insindicabilidade judicial (*judgement proofness*), para o que concorre a eventualidade de ter (ou não) bens suficientes para responder pelos danos causados, a possibilidade de o seu comportamento ser detectado (ou detectável) ou, no limite, uma pura e simples aposta na morosidade dos processos judiciais e na própria incompetência do julgador para actuar sobre o caso concreto[18].

O *principal* não está indefeso perante esse risco moral, fixando poderes de supervisão sobre a conduta (e os resultados) do *agente* e compensações que premeiem um bom desempenho e de sanções que devolvam os danos à esfera daquele que os causou. Essa supervisão permite não só corrigir os desalinhamentos verificados como, até, dissuadir o *agente* dessa escolha danosa na medida em que o obriga a disciplinar-se e a evitar externalizar o seu comportamento sobre o *principal*[19].

Não é todavia uma solução isenta de dificuldades. O *principal* defronta-se, desde logo, com a impossibilidade de detecção de comportamentos ou escolhas inadequadas do *agente* por força da assimetria informativa, o que à partida até já condicionou as balizas de avaliação do comportamento do *agente*. Por outro lado, não se pode olvidar a morosidade e a dificuldade de conceber relações jurídicas completas, no sentido em que se apresente como integralmente previstas (e acauteladas) todas as vicissitudes em que pode incorrer a relação estabelecida. Por último, a própria via judicial para reparação dos danos sofridos é uma solução normalmente eivada de morosidade e onerosidade, que estimula o *agente* ao incumprimento[20].

9. Não pode deixar de se chamar a atenção para o facto de a decisão económica comportar um módico de irracionalidade que pode deixar de fora de cogitação outras explicações para as más decisões do

---

[18] Polinsky, A.M & S. Shavell (1999), 4; Polinsky, A.M. (2003), 8-9.
[19] Posner, E.A. (2000), 5.
[20] Araújo, F. (2005), 421-423.

agente – más de acordo com o interesse do *principal*. Com efeito, a recondução singular dessas más escolhas do *agente* à prossecução do seu interesse próprio e ao alheamento relativamente ao interesse do *principal* soçobra perante a experiência que revela haver circunstâncias de outra natureza a ditar um desalinhamento entre o resultado final da conduta do *agente* e o resultado pretendido pelo *principal*.

Desde logo, não se pode iludir o facto de, na verdade, poder haver más decisões do *agente* que são o resultado de uma opção que teve sinceramente em vista o melhor interesse do *principal* – até porque é errado pressupor que não existe, absoluta e universalmente, qualquer ligação moral do *agente* ao *principal* que lhe incuta algum sentido de responsabilidade[21]. A origem do problema pode estar também na deficiente concepção do esquema de incentivos, que torne fértil o ocultamento de informação ou de certos resultados negativos. Ou, ainda, as situações em que a concessão de um incentivo financeiro colide com as opções éticas e sociais do *agente*, funcionando como um desincentivo à adopção de um comportamento (*crowding out*)[22]. Há também que ter em conta o elemento de imprevisibilidade: o leque de decisões que podem prejudicar ou beneficiar o *principal* pode ser – geralmente é – maior do que inicialmente se representa. E, finalmente, as decisões do *agente* podem ser decisivamente influenciadas por elementos comportamentais endógenos da organização em que se insere, como sejam a conduta e os compromissos éticos dos superiores hierárquicos, que moldam a conduta dos subordinados, e a própria cultura da organização[23].

Por outro lado, não se pode também olvidar que a própria relação de agência se complexifica, na realidade, muito para além do que a sua construção teórica mais simples dá a entender: desde o facto de ao *agente* não ser conferida uma mas sim várias incumbências (eventualmente contraditórias entre si), à constatação de que em certas relações as partes são simultaneamente *agente* e *principal* uma da outra, passando pela consideração de que um *principal* se rodeia não de um mas de um *feixe de agentes* e que um *agente* costuma ter mais do que um *principal*, há toda uma realidade rica que intensifica o nível de dificuldade da análise de uma relação de agência em concreto[24].

---

[21] Araújo, F. (2007), 613.
[22] Krawiec, K.D. (2005), 28; Miller, G.J. & A.B. Whitford (2001), 30-34.
[23] Araújo, F. (2007), 622; Krawiec, K.D. (2005), 29.
[24] Posner, E.A. (2000), 5-6; Polinsky, A.M. (2003), 8.

Não se retira daqui, todavia, que o *principal* não consegue condicionar o comportamento do *agente* com um esquema de incentivos ou, até, que as partes tomem as suas decisões num quadro de absoluta alietoriedade insusceptível de ser analisado e condicionado racionalmente, se não de forma meramente superficial – o que, por decorrência, falsificaria a Teoria da Agência[25]. Ainda que se admita que as partes nem sempre estabelecem as relações entre si num quadro de perfeita racionalidade, em que representam *ab initio* todas as variáveis possíveis da execução da relação de agência, permanece válido na Teoria da Agência que os indivíduos racionais e interessados no seu bem-estar colhem vantagens em reduzir ou controlar conflitos de interesse de modo a reduzir as perdas que esses conflitos possam gerar – o que sucede eliminando a assimetria informativa e alinhando os seus interesses[26].

Mantêm-se, pois, válidas as premissas e as conclusões da Teoria da Agência, ainda que em constante evolução e aperfeiçoamento, e subsiste validamente o entendimento de que a atribuição de incentivos é, por via de regra, uma modalidade apta a prever e pautar os comportamentos do *principal* e do *agente*, preferindo-se antes laborar num quadro racional que simplifique os factos sobre os quais incide a assimetria informativa, como sejam o pressuposto de neutralidade ao risco ou a elevada elasticidade das partes a incentivos.

2.2.3. Custos de agência

10. Flui do que até agora se expôs que a relação de agência gera um conjunto de custos relativos à sua estruturação, administração e execução – chamados custos de agência. Surgem quando os interesses do *agente* não estão alinhados com os do *principal* e consubstanciam-se nas perdas de produtividade, no resultado da aversão ao risco em tomada de decisões e na própria escolha de condutas que beneficiam a maximização do bem-estar do *agente* em detrimento do do *principal*. Os custos de agência englobam, assim, os custos a que normalmente nos referimos como custos de transacção, custos de risco moral e cus-

---

[25] Jensen, M.C. (1994), 1-2; Araújo, F. (2007), 624.
[26] Jensen, M.C. (1994), 15.

tos de informação, razão pela qual têm adquirido uma crescente relevância na tomada de decisões financeiras[27].

Os custos de agência são, segundo Jensen e Meckling, o somatório de despesas de *monitorização*, de despesas de "cumprimento" (*bonding expenditures*)[28] e de perdas residuais. As despesas de monitorização são as que o *principal* suporta com o propósito de regular e comandar o comportamento do *agente*; traduzem-se vulgarmente por sistemas de supervisão, fiscalização e auditoria da conduta do *agente* e da sua prestação de contas, seja com recurso a meios próprios ou a entidades independentes e idóneas. Já as despesas de cumprimento são as despesas que o *agente* suporta para se assegurar que não tomará opções ou desenvolverá acções que prejudiquem o *principal* ou, até, para o indemnizar caso esse dano já se tenha produzido. As despesas de monitorização e de cumprimento são, assim, os custos emergentes para as partes com a estruturação e execução da relação de agência. As perdas residuais, por seu turno, são a diferença entre o resultado das acções e opções que o *principal* esperaria que o *agente* tomasse – e que tomaria se porventura o *principal* tivesse acesso à mesma informação que o *agente* – e o resultado atingido com as acções e opções que o *agente* efectivamente tomou à margem do seu controlo, e que escaparam ao seu controlo exactamente porque existe uma sua incapacidade para o realizar na totalidade – ou seja, o valor da quebra de proveito[29].

11. Temos assim duas maneiras de quantificar os custos de agência: os custos da ineficiência da relação de agência que se estabeleceu; e a diferença entre o resultado projectado e o efectivo. No primeiro caso, a análise das ineficiências recai na quantificação dos custos ou

---

[27] A ponderação dos custos de agência tem assumido particular preponderância, por exemplo, no contexto das decisões empresariais sobre a estrutura e composição societárias, a política de dividendos e as compensações executivas: Ang, J.S., R.A. Cole & J.W. Lin (2000), 81-83; Smith, C.W. (1987), 39.

[28] Não se ignora que os *bonding expenditures* ou *costs* são algo mais do que os meros custos relativos ao cumprimento, abarcando todos aqueles que se refiram ao *acatamento* por parte do *agente* das instruções que lhe são dadas. Todavia, opta-se pela locução *cumprimento* por ser aquela a que mais vulgarmente se recorre no nosso ordenamento jurídico.

[29] Jensen, M.C. & W.H. Meckling (1976), 308-310; Smith, C.W. (1987), 39; Charreaux, G. (2000), 256; Ang, J.S., R.A. Cole & J.W. Lin (2000), 83; Araújo, F. (2005), 431-432.

perdas gerados pela inadequada alocação de recursos adveniente de decisões erradas ou da abstenção de tomada de outras decisões, o que é mensurável através dos resultados patrimoniais obtidos[30]. No segundo caso, a quantificação é seguramente um exercício mais difícil e menos linear, mas pode realizar-se através de um juízo comparativo entre a relação de agência que concretamente se estabeleceu (e seus resultados) e, como termo de referência, um modelo teórico de uma equivalente relação de agência em que inexistam custos de agência – por exemplo e na óptica de Jensen e Meckling[31], é o caso de uma sociedade detida exclusivamente por um sócio-gerente, o que será altamente improvável entre sociedades abertas mas é seguramente mais provável entre sociedades fechadas. Custos de agência serão, nesta perspectiva, aquilo em que o caso concreto fique aquém da relação modelar[32].

Tomando um exemplo, na presença de assimetria informativa, o *principal* não consegue controlar adequadamente o comportamento do *agente* de molde a premiar convenientemente o mais esforçado ou a penalizar o menos esforçado – o *agente* desenvolverá então o menor esforço possível, o já observado fenómeno de risco moral. A diferença entre o resultado concreto dessa relação e o caso-modelo em que não haja custos de agência é o valor do custo de agência, a título de perda residual por conta do risco moral dessa relação[33].

Esta metodologia de cálculo dos custos de agência não é, todavia, isenta de críticas, bastando recordar alguns dos elementos já apontados como podendo ficar erradamente de fora da concepção e análise da relação de agência. Um modelo de custos de agência causados por condutas organizacionais impróprias é sempre incompleto na medida em que, por exemplo, ignora a influência perniciosa que a própria estrutura organizativa e a cultura a si associada inculcam no *agente*. Por outro lado, é possível equacionar situações em que as más decisões do *agente* trazem benefícios para o *principal*, afastando um postulado tácito de que o *principal* e a sua estrutura nunca poderiam beneficiar dos erros ou de condutas ilícitas dos seus agentes: basta pensar na conduta imprópria do *agente* que inadvertidamente beneficia o desempe-

---

[30] Ang, J.S., R.A. Cole & J.W. Lin (2000), 82.
[31] Jensen, M.C. & W.H. Meckling (1976),
[32] Ang, J.S., R.A. Cole & J.W. Lin (2000), 85-87.
[33] Posner, E.A. (2000), 4.

nho da organização em que insere, gerando ganhos inesperados e dificilmente quantificáveis para o *principal*[34].

12. É grande a relevância dos custos gerados pela obtenção de informação, podendo tornar ineficiente uma busca completa: com efeito, o *principal* não despende *o que for preciso* para ter toda a informação, ele apenas está disposto a suportar os custos crescentes com a obtenção de informação até ao ponto em que o custo marginal equivalha ao custo do não cumprimento por parte do *agente*[35].

Uma relação de agência com menores custos de agência será, então, aquela em que as partes envolvidas transferem para o esquema de incentivos a satisfação da maximização do seu bem-estar, fazendo reportar a recompensa a um resultado final – uma obrigação de resultado e não de meios –, eliminando assim o risco de se não controlar a totalidade das decisões do *agente*. É uma solução comum nos casos em que o *principal* apenas toma conhecimento do resultado da actividade do *agente* e que constitui um afastamento à solução de esquema de incentivos vista no problema básico do *principal-agente*: procura-se induzir o *agente* não a tomar sempre a mesma decisão, mas sim a tomar decisões diferentes em situações diferentes de forma a assegurar que o resultado final seja aquele que permite ao *principal* obter o máximo de utilidades[36].

2.3. *A escolha de instrumentos de tutela ambiental na lógica da Teoria da Agência*

13. Como se começou por referir, estabelecem-se no domínio ambiental múltiplas relações de agência, quer seja entre utilizadores de recursos ambientais quer seja em função do papel atribuído ao Estado no âmbito da tutela de interesses e direitos ambientais e na protecção desses recursos.

A definição do modo de intervenção do Estado nas relações de agência entre particulares e a definição do modo como o Estado desempenha o seu papel de *principal* ou de *agente* nas relações de que

---

[34] Krawiec, K.D. (2005), 29 e 31-40.
[35] Araújo, F. (2007), 281; Smith, C.W. (1987), 39.
[36] Stiglitz, J.E. (1987), 968.

participa deve, pois, ser equacionada de acordo com um padrão de eficiência económica ditada no contexto da Teoria da Agência. Ou seja, a concepção e execução da regulação ambiental pelo Estado deve ater-se à necessidade de eliminar os custos de agência que possam existir e que, como referimos, constituem o pomo da ineficiência económica existente nas relações de agência. Isso passa, genericamente, por incentivar ou instituir mecanismos de prestação e divulgação de informação, eliminando fenómenos de assimetria informativa, ou afectando recursos públicos para a diminuição de custos de agência, como sejam os meios policiais e judiciais[37]. Mas, por outro lado, exige-se que a escolha dos instrumentos de tutela ambiental não seja indiferente à dimensão dos custos de agência que a mesma previsível ou demonstradamente comporta. Diremos que o Estado pode exercer medidas de controlo *ex ante* e *ex post,* constituindo as medidas *ex ante* as desenvolvidas antes da produção de um dano ambiental e com o intuito de prevenir e controlar a produção desses danos; e as *ex post* as tomadas na sequência da produção de um dano. Antes de averiguar que conclusões se podem retirar acerca desses instrumentos, importa situar em que contexto se discute a protecção ambiental. Assumindo o Estado, por via legislativa ou administrativa, a incumbência de zelar e garantir a preservação dos recursos naturais, de molde a impedir a sua exaustão ou extinção bem como a evitar a produção de danos sobre terceiros, é acerca da melhor forma de o fazer e relativamente à posição dada aos *agentes* perante esses recursos naturais que se centra a presente análise.

14. O problema da utilização de recursos ambientais situa-se na lógica há muito fixada da *tragédia dos comuns*, em que cada indivíduo é investido na condição de *agente* da comunidade – e de cada um dos restantes cidadãos –, cabendo-lhe não esgotar as capacidades produtivas dos recursos de molde a que os mesmos não sejam insuficientes para satisfazer as necessidades dos outros.

Como no caso dos baldios, o melhor incentivo para impedir a exaustão ou extinção dos recursos será dividi-los em parcelas de propriedade privada, dado que ninguém sobreutilizará o seu recurso ao ponto de o extinguir. A propriedade privada cria, pois, os melhores incentivos para impedir a exaustão e a extinção de recursos, pese

---

[37] Posner, E.A. (2000), 7.

embora seja uma solução inadequada para quem tenha uma assinalável aversão ao risco[38].

Ora, quando se alude a estes direitos de propriedade (*property rights*), está a aludir-se a uma multiplicidade de direitos, composta por direitos reais de gozo sobre os recursos e por direitos a transmitir esses direitos. A atribuição normativa desses direitos tem lugar através das (designadas na tradição da análise económica do direito de) *property rules*, que conferem às partes a possibilidade de bloquear qualquer desvio relativamente à atribuição inicial do gozo dos bens sem o seu consentimento; e por *liability rules*, que dão às partes a possibilidade de serem compensadas por outras pelos danos sofridos com qualquer desvio imposto relativamente à atribuição inicial, ao que usualmente reportamos o instituto da responsabilidade civil. Sinteticamente, diverge entre as duas figuras o facto de o montante de compensação ser fixado por acordo entre as partes, na primeira, e por uma terceira entidade (uma autoridade) na segunda. Não é, de resto, irrelevante atribuir uma *property rule* ou uma *liability rule*. As *liability rules* têm um mérito de eficiência económica, mas situam o ganho da troca do direito integralmente na esfera daquele a que a ela está sujeito – uma vez que, para quem está protegido pela *liability rule*, o valor da compensação recebida equivalerá ao valor do dano sofrido. Perante *property rules*, os ganhos da transacção são repartidos por ambas as partes, pelo que a opção de atribuir *property* ou *liability rules* entre os indivíduos obedece a critérios não neutros, desde logo de tipo redistributivo – relativamente à redistribuição de riqueza por determinados grupos ou indivíduos preferenciais ou de distribuição de bens de acordo com lógicas de necessidades – ou de cariz justicialista de modo a acomodar a diferente capacidade negocial das partes envolvidas – que redundam em critérios de eficiência económica[39].

Há, por último, casos em que ao invés de permitir aos utilizadores dos recursos que interajam entre si, o Estado impõe regras de inalienabilidade (*inalienabilty rules*), impedindo a manifestação de vontades e preferências no mercado (até que se atinjam acordos economicamente eficientes) e fixando unilateralmente limites imperativos de cumprimento de metas ambientais. Há, claro, benefícios em

---

[38] Posner, E.A. (2000), 10; Faure, M.G. & G. Skogh (2003), 54-62.
[39] Calabresi, G. & A.D. Melamed (1972), 1098-1105; Polinsky, A.M. (1980), 233; Kaplow, L. & S. Shavell (1999), 16.

adoptar esse tipo de solução, em particular se pensarmos nos casos em que uma transacção imponha grandes sacrifícios a terceiros; em que possa ocorrer danos grandes, graves ou mesmo imensuráveis. Mas as regras de inalienabilidade servem sobretudo para atingir desideratos distributivos, mesmo quando se esteja a beneficiar um indivíduo ou um grupo que não seria desejável beneficiar[40].

15. É sobretudo em função da informação de que o Estado dispõe, e da sua capacidade para aperfeiçoar e completar essa mesma informação, que devem ser escolhidas soluções de *property rules* ou de *liability rules*. Ou de inalienabilidade. Cabendo aqui pronunciar-nos apenas sobre o papel que a eficiência económica assume nessa escolha, o norte é dado pela necessidade de minimizar os custos de imposição de uma atribuição inicial de direitos, bem como de causar o menor custo social, ou seja, que a alocação consiga atingir a maximização do bem-estar social[41]. Como se disse antes, tudo passa por abordar cada caso criando o regime que constitua o melhor sistema de incentivos e que seja susceptível de criar o menor fardo possível no que tange aos custos de agência.

3. A Composição da Regulação Ambiental

3.1. *Os instrumentos de* comando e controlo

1. A intervenção pública ambiental *ex ante* é vulgarmente protagonizada pelos designados instrumentos de *comando e controlo*, a abordagem tradicional que a actividade administrativa do Estado tem historicamente encontrado, neste e noutros domínios, para responder às solicitações que lhe são colocadas. Os instrumentos de *comando e controlo* passam por subordinar o exercício de uma actividade à observância de um conjunto de limites ou condições administrativos – que, neste campo, se traduzem no cumprimento de padrões de qualidade e preservação ambiental –, dos quais depende a permissão para realizar essa actividade.

---

[40] Calabresi, G. & A.D. Melamed (1972), 1111-1115.
[41] Polinsky, A.M. (1979), 4-5.

2. Encontramos essencialmente três modalidades de regulação: *standards* de objectivo (ou de qualidade ambiental), em que se almeja atingir um determinado estado de referência ou de qualidade ambiental, como é frequente no âmbito dos recursos hídricos e com o estado de qualidade das águas; *standards* de emissões, consistindo em valores-limite de emissões que se aplicam a determinadas actividades fixando ao potencial poluidor o tipo e a quantidade de carga poluente que pode produzir, mas deixando-lhe um limitado grau de liberdade quanto à escolha do processo produtivo; opção essa que é eliminada na terceira categoria, a dos *standards* produtivos, em que se fixa o tipo de tecnologia autorizada, as técnicas de controlo, mitigação e eliminação de poluição exigidas e de cujo cumprimento normalmente depende a manutenção do acto permissivo[42].

Como as decisões autorizativas tomadas por poderes públicos têm de se fundar em pressupostos fundamentadamente racionais, a fixação desses limites – que mais não é do que determinar o impacto admissível de uma determinada actividade num determinado componente ambiental –, pressupõe que a administração assuma, desde logo, a tarefa de recolher a mais vasta informação disponível sobre os componentes ambientais em presença, bem como sobre as actividades que venham a ser objecto de regulação – o que inclui informação, exemplificativamente, sobre as técnicas de produção, a localização de actividades e os seus efeitos sobre componentes ambientais. E a isto acresce, seguidamente, o não menos importante procedimento de tratamento e ponderação dessa mesma informação, do qual deverá resultar, então, a fixação legal ou regulamentar dos condicionalismos a que se submete o exercício dessa actividade. Critérios esses cuja verificabilidade usualmente se procura aferir nos subsequentes procedimentos administrativos de autorização prévia ou de acompanhamento a que sujeita essa actividade, que, como se sabe, são igualmente um pilar essencial do *comando e controlo*.

3. Sob a regulação directa, o Estado restringe os comportamentos permitidos, impondo constrangimentos à exploração qualitativa ou quantitativa dos recursos ambientais – em suma, opta nesta circunstância por proceder a uma cristalização da disponibilidade dos recur-

---

[42] Faure, M.G. & G. Skogh (2003), 189-192.

sos naturais[43]. Não só relativamente aos seus utilizadores e beneficiários – nomeadamente aqueles cujo comportamento seja susceptível de causar um dano, ou até de levar os recursos à exaustão ou extinção –, mas também aos demais beneficiários dos mesmos que se vêm impossibilitados de aceitar essa compressão de direitos em troca de uma compensação negociada com o poluidor.

O que sucede, pois, é a imposição de regras de inalienabilidade aos particulares, dado que não lhes é permitido dispor dos recursos, substituindo o Estado todas as relações *principal-agente* que possam estabelecer-se entre os cidadãos (eliminando a possibilidade de interacção negocial entre os particulares) pela sua relação *principal-agente* que estabelece com os cidadãos. Não está na disponibilidade dos particulares aceitar ou não a existência de poluição em troca de uma compensação, seja pela prossecução de desideratos redistributivos de rendimentos, seja por perseguir intuitos conservacionistas. Não cabendo colocar em causa neste trabalho a bondade da adopção de tais critérios como parâmetros da tomada de decisão pública, sempre se pode dizer que a mesma deixa muito a desejar tanto na perspectiva da eficiência económica quanto na da eficácia da conservação dos recursos, como adiante melhor se verá.

3.2. *Os instrumentos de base económica*

4. A regulação com o intuito de controlar as externalidades geradas pelas actividades humanas pode assumir igualmente a forma cada vez mais em voga dos instrumentos de base económica, como sejam as quotas ou licenças transaccionáveis ou a tributação ou subsidiação ambiental. Na tributação ambiental dá-se o pagamento de um valor como contrapartida do exercício de uma actividade ambientalmente indesejada; na subsidiação o Estado paga um valor como contrapartida do exercício de uma actividade desejada. Nos sistemas de quotas ou licenças transaccionáveis realiza-se uma atribuição – gratuita ou onerosa – de direitos de utilização de recursos ambientais (vulgarmente designados, nesse sentido, de direitos a poluir), após o que o operador pode então optar (*i*) entre ter um nível de emissões inferior ao que lhe

---

[43] Kaplow, L. & S. Shavell (1999), 22.

foi distribuído inicialmente, podendo vender o excesso de licenças ou quota de que disponha a outros operadores – já presentes no mercado ou que a ele queiram aceder –; ou (*ii*) comprar no mercado mais licenças ou quotas que cubram o volume de emissões superior ao que lhe foi concedido (ou, melhor dizendo, inicialmente distribuído)[44].

O objectivo desses instrumentos é o propósito pigouviano de impor a internalização nos custos privados de quem beneficia da poluição dos custos sociais gerados por essa mesma actividade, fazendo-os reflectir nos preços finais dos produtos resultantes dos processos produtivos em causa. É igualmente desiderato destes instrumentos estabelecer uma relação económica entre a utilização dos recursos e o respectivo utilizador e os demais beneficiários desses mesmos recursos – numa lógica de cada um ser responsável, pagando por isso, pelo recurso que explora.

5. São essencialmente duas as diferenças deste tipo de solução relativamente aos instrumentos de *comando e controlo*. Desde logo, estes instrumentos de base económica caracterizam-se por tentarem atingir as metas ambientais não através de uma abordagem unilateral imposta coercivamente, mas sim estimulando os agentes económicos a adoptarem voluntariamente comportamentos ambientalmente preferíveis ao tornar esses mesmos comportamentos em escolhas economicamente mais rentáveis – exemplificativamente, a tributação e a subsidiação ambientais tornam os comportamentos ambientalmente preferíveis menos onerosos numa análise comparativa com os demais e a transacção de licenças ou quotas é vista como uma oportunidade de realizar mais-valias através da diminuição da própria carga poluente produzida. Ou seja, o Estado-*principal* recorre aqui a um sistema de incentivos de índole económica que procura pôr a satisfação dos interesses dos *agentes* ao serviço da produção dos resultados finais pretendidos – por outras palavras, trata-se de um esquema de incentivos que verdadeiramente alinha os interesses do *principal* e dos *agentes*: ambos retiram tanto mais benefícios da relação de agência quanto mais perto o resultado final se aproximar do resultado final idealizado pelo *principal*. Ao invés de ter apenas algo a perder com o incumprimento – como sucede no *comando e controlo* –, os *agentes* passam a ter também algo a ganhar com o cumprimento das metas ambientais.

---

[44] Faure, M.G. & G. Skogh (2003), 227; Stavins, R.N. (2004), 11-12.

Uma segunda diferença ressalta do facto de nestes instrumentos – sobretudo nas licenças ou quotas transaccionáveis – se assumir que existe uma afectação de recursos ambientais a um utilizador, no sentido de que quem deles beneficia pode dispor do seu gozo e transaccionar essa disposição contra uma compensação financeira. Não se dá o caso, pois, como se evidenciou a propósito do *comando e controlo*, de o Estado eliminar as múltiplas relações de agência entre os vários utilizadores dos recursos, substituindo-as por uma única relação de agência entre si e os vários *agentes*.

6. Ora, se as *property rules* são as que impedem qualquer alteração na alocação de direitos sem o consentimento da parte intitulada, permitindo a realização de ganhos com essa deslocação quando a alocação inicial não for a mais eficiente, então, ainda que os bens ambientais sejam fortemente marcados por características próprias dos bens públicos, podemos no contexto dos instrumentos de base económica falar de uma alocação de *property rights*, protegidos por *property rules* (direito de propriedade ou direitos reais de gozo) ou *liability rules* (regras de responsabilidade civil)[45].

A alocação de *property rights* relativamente, por exemplo, à biodiversidade parece ser até necessária de uma perspectiva económica, como forma de mitigar a tragédia dos comuns que se abate sobre espécies e *habitats* ameaçados. Esses direitos, quando atribuídos, têm de ser em todo o caso limitados, não podendo compreender, por exemplo, a possibilidade de destruir irreversivelmente esses mesmos recursos. A dificuldade de avaliar economicamente os bens ambientais (em particular da biodiversidade) não dá azo a que se resolvam imediatamente os problemas, mas esses direitos devem ser distribuídos, de preferência a quem pode dispor deles com o máximo de proximidade e informação, permitindo retirar benefícios económicos dos incentivos dados à sua conservação – podendo até ser celebrados acordos para utilização de recursos genéticos e *swaps debt-for-nature*, que, não criando situações de óptimo de Pareto, introduzem ganhos significativos[46].

---

[45] Polinsky, A.M. (1980), 237-238; Arcuri, A. (2005), 237.

[46] E desde que se verifique um conjunto de requisitos, como sejam a garantia de quantificação precisa dos direitos de propriedade; que estejam em causa espécies sedentárias; que exista informação e monitorização descentralizadas; que se atribua um preço pela conservação, pago pelo Estado; e que os direitos sejam transaccioná-

7. Estamos todavia perante soluções de regulação ambiental, quer no caso de quotas ou de licenças transaccionáveis quer no de tributação ou subsidiação ambiental. Com efeito, pese embora a metodologia empregue seja a de atribuir verdadeiros incentivos económicos aos *agentes*, subsiste sempre o elemento central da fixação de um limite de utilização de recursos, que se manifesta com a Administração a estabelecer um nível de poluição máximo de considere admissível para um determinado recurso ambiental, repartindo posteriormente entre os diversos operadores (por exemplo) a faculdade de *utilizar* essa capacidade poluente.

Já os tributos e subsídios ambientais distinguem-se das licenças ou quotas transaccionáveis na medida em que, apesar de também carecerem da fixação de *standards* de objectivos, o Estado ao invés de optar por alienar os direitos aos recursos naturais aos agentes económicos, prefere colher uma renda por conta da utilização desses mesmos direitos, que nunca chega a alienar[47].

3.3. *Assimetria informativa e inobservabilidade*

8. Assume, pois, a maior relevância a qualidade da informação do Estado: se o Estado tiver informação completa sobre os factos, conhecendo os benefícios e os custos do poluidor e o dano produzido, então todas as abordagens são susceptíveis de atingir resultados óptimos. Mas se a sua informação for incompleta ou imperfeita, o Estado não será capaz de calcular que acções são preferíveis e, portanto, serão maiores as possibilidades de errar[48].

9. Levando em consideração que as entidades públicas ambientais lidam não apenas com um determinado sector de actividade, mas sim com a totalidade dos sectores de actividade de uma economia – obrigando assim a um conhecimento profundo não apenas do desenvolvimento e circunstancialismo técnico de um determinado sector, mas sim de *todos* os sectores –, pacificamente se antevê que o deside-

---

veis, uma vez que a alocação inicial dificilmente será a mais correcta. V. Lerch, A. (1998), 299-300; Sellenthin, M.O. & G. Skogh (2004), 245-246.

[47] Faure, M.G. & G. Skogh (2003), 233-238.
[48] Kaplow, L. & S. Shavell (1999), 23.

rato final de obter uma decisão apta a defender o ambiente no âmbito de sistemas de *comando e controlo* pode assumir proporções verdadeiramente gigantescas, quando não de duvidosa consecução. A alternativa reside, muitas vezes, em prescindir da angariação de informação sobre todos os poluentes e todos os lesados, optando o Estado por "ter critério em vez de ter razão".

O facto é que há sérias dificuldades em estabelecer, no âmbito de mecanismos de *comando e controlo,* novas normas de melhores técnicas disponíveis que reflictam adequadamente as novas orientações científicas respeitantes a substâncias tóxicas e, até, em rever as normas existentes. Basta pensar como os *standards* produtivos ficam rápida e corriqueiramente desactualizados em face da constante inovação tecnológica[49]. É por demais evidente que regulação ambiental incide sobre campos de contínuo e rápido desenvolvimento tecnológico, em que o Estado tenta acompanhar o desenvolvimento produzido pelos agentes económicos – seus *agentes* –, pelo que existe necessariamente um desfasamento informativo entre o *principal* e os *agentes* desta relação.

Por outro lado, os *agentes* procuram reservar para si toda a informação respeitante à sua actividade, quer quanto à tecnologia e metodologias de produção, quer – como parece evidente – quanto a eventuais danos ambientais que possam ter produzido. Tendo em atenção o largo espectro de actividades sobre o qual incidem as funções fiscalizadoras do Estado, também se compreende que este *principal* dificilmente consiga vir a colocar-se numa situação de simetria informativa com os potenciais *agentes* (no momento em que projecta a relação de agência) ou com os *agentes* (no momento em que já as constituiu). Como se afirmou anteriormente, esse desfasamento informativo sobre as características e o esforço produzidos pelos *agentes* condiciona irremediavelmente o processo da sua escolha – levando a optar os *maus* em detrimento dos *bons*, passe o maniqueísmo – e a concepção do sistema de incentivos. Não é diferente no que tange ao cumprimento das metas ambientais fixadas, como mais adiante se verá.

10. Pode dizer-se dos instrumentos de base económica que proporcionam maiores condições de observabilidade e de simetria in-

---

[49] Harrington, W. (2004), 72-74; Faure, M.G. & G. Skogh (2003), 56 e 192.

formativa antes e durante a execução da relação de agência – porque o melhor alinhamento de interesses entre *principal* e *agentes* a isso convida.

A mais recente experiência tem, todavia, questionado se, no domínio ambiental, a alocação inicial dos direitos é de facto irrelevante na ausência dos custos de transacção. Isto porque há, de um modo geral, a criação de um efeito de apropriação (*endowment effect*) relativamente aos bens alocados aos indivíduos que propicia uma aversão à sua perda (*loss aversion*). Isso manifesta-se claramente quando, numa tentativa de avaliar economicamente um bem ambiental, os indivíduos revelam exigir mais para abdicar de um bem (*willingness to accept*) do que estão dispostos a despender para o adquirir (*willingness to pay*). Mais ainda, a atribuição legal de direitos acaba por ser uma forma de política redistributiva de rendimentos que permite uma aumento do bem-estar económico de quem deles beneficia – distorcendo significativamente as suas preferências iniciais, até porque os bens e serviços ambientais servem usualmente necessidades básicas e essenciais, têm um carácter único e levantam peculiares problemas de substituibilidade[50].

3.4. *Custos de agência*

11. Os custos de agência gerados pelas acções do *agente* no domínio ambiental são custos sociais e não meramente privados do *principal*[51]. O *comando e controlo* é vulnerável ao surgimento de fenómenos de selecção adversa e de risco moral, exactamente porque funciona num ambiente de assimetria informativa e de inobservabilidade, constituindo um ineficaz sistema de incentivos. Desta solução avultam elevados custos de agência, repartidos entre despesas de monitorização, despesas de cumprimento e perdas residuais.

Por outro lado, é consabido que os custos de agência são maiores quando o *agente* não tenha qualquer relação de apropriação relativamente à tarefa que lhe é cometida. O exemplo paradigmático é o das sociedades em que o *agente* (que pode ser o administrador) é também

---

[50] Arcuri, A. (2005), 231-234, 239.
[51] Ang, J.S., R.A. Cole & J.W. Lin (2000), 81

titular de uma participação social[52]. Nesse sentido, os mecanismos de base económica têm o potencial de gerar menores custos de agência.

12. No que concerne às despesas de monitorização, a sua severa contabilização inicia-se com a vasta tarefa de angariação e tratamento de informação que estão na base da fixação dos *standards* ambientais a cumprir pelos *agentes*. Como vimos, trata-se de uma gigantesca tarefa assumida pelos entes públicos, que engloba a recolha de informação dispersa por um universo ilimitado de fontes e o respectivo tratamento técnico, o que pressupõe a existência de recursos humanos e técnicos sofisticados.

Subsequentemente, surgem as despesas associadas aos procedimentos administrativos de autorização de realização de actividades e, finalmente, a própria tarefa de monitorizar e fiscalizar o cumprimento dos padrões ambientais estabelecidos. Facilmente se intui o volume financeiro a que pode ascender suportar uma máquina que pretenda exercer estas tarefas – uma característica que acaba por ser comum nos mecanismos de *comando e controlo* enos mecanismos de base económica. Os mecanismos de base económica pressupõem igualmente a fixação de um *standard* de qualidade ambiental – é o caso, por exemplo, das licenças de emissões atmosféricas[53]. E aí repete-se a dificuldade de implementação, na medida em que cada poluidor é que sabe o que está disposto a pagar para reduzir (ou não) as suas emissões. Mais ainda, subsiste a necessidade de monitorizar o cumprimento das normas fixadas – averiguando, por exemplo, se as quotas estão a ser respeitadas ou se os tributos ambientais estão a ser pagos na medida devida.

Os mecanismos de base económica têm, contudo, a virtude de eliminar a necessidade de angariar um volume significativo de informação, dado que se entrega ao mercado a tarefa de realinhar natural e espontaneamente os interesses corporizados nos direitos inicialmente alocados, através da possibilidade de os transaccionar, como sustentou Coase[54]. Por outro lado, nos instrumentos de base económica subsistem as relações de agência entre os vários operadores presentes no mercado, pelo que todos assumem a tarefa, em seu proveito, de fisca-

---

[52] Ang, J.S., R.A. Cole & J.W. Lin (2000), 104.
[53] Faure, M.G. & G. Skogh (2003), 227.
[54] Faure, M.G. & G. Skogh (2003), 228-229.

lizar o cumprimento alheio de metas ambientais. As despesas de monitorização do Estado-*principal* são assim reduzidas, na medida em que se induz um auto-controlo dos *agentes* entre si.

13. Significativas são também as despesas de cumprimento geradas pelo *comando e controlo*. Onde exista uma significativa heterogeneidade de custos de redução de emissões, os instrumentos de *comando e controlo* não são uma solução economicamente eficiente, já que se sujeita, desse modo, todos os *agentes* ao cumprimento do mesmo objectivo ambiental, independentemente da (in)justificabilidade dos custos de redução que cada caso concreto possa acarretar no contexto da respectiva decisão económica – uma modalidade de selecção adversa no domínio da regulação ambiental. É certo que, quando os custos de reduções de emissões sejam homogéneos num determinado tipo de fonte, as soluções de *comando e controlo* podem ter um desempenho economicamente eficiente, desde que não se verifique a existência de custos de transacção relevantes[55] – mas por via de regra não é esse o caso.

Mais ainda, o sistema de *comando e controlo* estimula fenómenos de *crowding out*, em que a regulação suprime (e não complementa) a motivação social que possa existir na relação *principal-agente*; bem como de *efeitos de boleia*, em que o *agente* acaba por ver premiada a não redução dos sus níveis de poluição, porque o estabelecimento de *standards* ambientais mais modestos não o exigem[56].

Ora, é exactamente ao nível das despesas de cumprimento que os instrumentos de base económica fazem a diferença na redução de custos, dado que permitem satisfazer a pretendida redução de carga poluente a um mais baixo custo global para o *agente* ao colocar na esfera no *agente* a opção, tomada com base numa análise custo-benefício, entre investir na redução de emissões (e subsequente venda de direitos) ou na compra de direitos transaccionados no mercado (e subsequente aumento de emissões). Ou seja, ao invés de estabelecer metas de qualidade ambiental a cumprir indiferenciada e igualmente por todos os *agentes*, estabelece-se antes o nível máximo de poluição admi-

---

[55] Estima-se, por exemplo, que os custos marginais do controlo de emissões de chumbo nos Estados Unidos chegam a variar entre os 13 e os 56.000 dólares por tonelada: V. Revesz, R.L. & R.N. Stavins (2004), 34.

[56] Miller, G.J. & A.B. Whitford (2001), 32-34.

tido, permitindo-se depois ao diferentes poluidores a gestão dos níveis de poluição entre si, o que garante a distribuição equilibrada dos custos marginais de redução de emissões – e responsabilizando directamente, por essa via, o poluidor pelo custo da *sua* poluição[57]. Essa maior racionalidade na alocação do dever de suportar os custos do controlo e eliminação da poluição tem, assim, o efeito de gerar menos custos económicos para obter o mesmo resultado ambiental. Trata-se, em síntese, da materialização da noção de bilateralidade e de concurso de utilizações de um recurso enunciada por Coase.

Acresce que os instrumentos de base económica, operando segundo uma lógica de diminuição dos custos de redução de emissões ao longo de um hiato temporal, dão um incentivo superior aos *agentes* para instalar continuadamente meios de produção tecnologicamente mais avançados e menos poluentes, bem como novas tecnologias de controlo da poluição mais eficazes e menos dispendiosas[58].

14. Os *agentes* optam, por via de regra, por cumprir as normas ambientais estabelecidas num sistema de *comando e controlo* apenas e tão só se, numa análise custo-benefício, os custos associados ao cumprimento forem inferiores aos custos associados ao incumprimento. O que significa que para que os *agentes* concluam ser preferível cumprir os limites fixados, é necessário ter em consideração não só as despesas de cumprimento, que são tendencialmente elevadas, mas também a abordagem de imposição do seu cumprimento, a qual varia consideravelmente em função do serviço público que representa o *principal*.

Ora, sucede que, de um lado, as despesas de monitorização são dispendiosas e (também por isso) ineficazes os esforços de imposição (*enforcement*) – ao que também não é seguramente alheio o facto de as autoridades ambientais não conseguirem fiscalizar devidamente as instalações efectivamente licenciadas, muito por culpa de uma crónica carência de recursos humanos e materiais necessários para desempenhar essa tarefa. Com uma imposição perfeita, a penalidade prevista equivaleria ao dano ambiental previsto acrescido das despesas de eliminação do dano. Contudo, a imperfeição da monitorização torna a probabilidade de detecção inferior ao desejável, pelo que na prática os

---

[57] Revesz, R.L. & R.N. Stavins (2004), 35.
[58] Keohane, N. (2006), 21-22; Jaffe, A.B. & R.N. Stavins (1995), 49.

agentes usualmente laboram num cenário de sanções baixas associadas a uma pequena probabilidade de detecção[59].

De outro, surgem sob regimes de *comando e controlo* situações em que o ponto economicamente óptimo de poluição é substancialmente superior ao ponto de equilíbrio ecológico administrativamente fixado, ou seja, em que é economicamente preferível continuar a poluir para além dos limites fixados e com a exaustão ou extinção dos recursos do que suportar as despesas de cumprimento.

A análise custo-benefício dos *agentes* no âmbito de mecanismos de *comando e controlo* salda-se recorrentemente, assim, numa preferência pela infracção (risco moral), o que explica que haja um volume assinalável de actividades poluentes realizadas em violação dos valores e normas previamente estabelecidos; são comuns os casos em que as reduções de emissões conseguidas pelas restrições administrativas ficam significativamente aquém daquelas que deveriam ter sido obtidas pela plena implementação dessas mesmas restrições e regulamentação – dito de outro modo e resumidamente, os mecanismos de *comando e controlo* são extremamente vulneráveis a fenómenos de risco moral que tornam frequente a existência de um largo espectro de perdas residuais[60].

É a demonstração que um regime de *comando e controlo* dificilmente contém um alinhamento de interesses entre *principal* e *agentes*: se os *agentes* revelam sistematicamente o ensejo de exercer a sua actividade para além dos limites fixados por sistemas de *comando e controlo*, então apenas se pode concluir que esses mesmos sistemas não constituem o esquema de incentivos adequado a promover a produção do comportamento desejado do *agente* e o cumprimento das metas ambientais idealizadas[61]. Pense-se nas questões de conservação de espécies protegidas, em que se nega a possibilidade de atribuição de *property rights* sobre espécies raras ou selvagens e, em decorrência, se lhes dá um valor infinito – ao passo que a compensação paga a quem suporta o custo da conservação é modesta (proprietários ou caçadores). É por essa razão que persistem em ocorrer fenómenos de caça furtiva e de destruição de *habitats*[62].

---

[59] Blackman, A. (2005), 8; Viscusi, W.K. (2006), 67-68.
[60] Harrington, W. (2004), 80.
[61] Aragão, M.A. de S. (1997), 246.
[62] Sellenthin, M.O. & G. Skogh (2004), 241-242; Faure, M.G. & G. Skogh (2003), 64-67.

Centrando agora semelhante análise nos instrumentos de base económica, verifica-se, por um lado, uma menor carga de custos de cumprimento e, por outro, uma prognose mais severa no que respeita aos custos com o incumprimento – dado que as probabilidades de detecção são francamente maiores. A probabilidade de ocorrência de fenómenos de selecção adversa e risco moral no âmbito de mecanismos de base económica é, por essa razão, francamente inferior – embora também não se possa dizer que não tenha lugar. Mais ainda, como se afirmou, estes mecanismos denotam uma maior eficácia no alinhamento de interesses entre *principal* e *agentes*. Ora, todos esses factores concorrem para que o volume de perdas residuais no contexto de mecanismos de base económica seja denotadamente inferior ao verificado, por comparação, ao abrigo de regimes *de comando e controlo*.

15. Depois, se se introduzir nesta reflexão a já aludida complexificação que a realidade exige, há que atender aos problemas levantados no sector público pela existência de feixes de relações de agência cujos efeitos se se cruzam e influenciam mutuamente. Em primeiro lugar, é particularmente relevante para o caso dos instrumentos de *comando e controlo* a assimetria informativa e o desalinhamento de interesses existentes entre a entidade pública que estabelece os padrões de regulamentação ambiental (enquanto *principal*) e a entidade pública encarregue de garantir a sua aplicação (o *agente*), a que já se aludiu, cujos efeitos naturalmente se reflectem, como custos de agência a título de despesas de monitorização e de perdas residuais, sobre as relações de agência existentes entre o regulador ambiental e os regulados ambientais. Mais ainda, a constituição de feixes de relações de agência em que o *principal*-Estado tem inúmeros *agentes* origina um crescimento das suas actividades de coordenação[63].

Não se estranha, pois, que a tutela ambiental seja cada vez mais assegurada através de estímulos económicos, que potenciam melhores resultados ambientais através de menores custos económicos privados e sociais. Os mecanismos de base económica geram menores

---

[63] Garoupa, N. & M. Jellal (2002), 6-9; Faure, M.G. & G. Skogh (2003), 56; Bishop, W. (1998), 22-23, 25.

custos de agência, ao nível da monitorização, do cumprimento e das perdas residuais[64].

Não se pode dizer, e isso deve ficar claro, que o vulgar *comando e controlo* é necessariamente um monumento à ineficácia e à ineficiência. Isso seria ignorar uma certa incapacidade dos estudos empíricos, revelada na última década a esta parte, para associar irrefutavelmente este mecanismo regulatório a quebras objectivas de competitividade de sectores económicos; e, igualmente, as virtudes que essa opção parece comportar enquanto estímulo à inovação tecnológica, fonte de eliminação de incerteza no investimento e, ainda, "farol" informativo de determinados sectores económicos[65]. Mas também não se pode iludir que os mecanismos de *comando e controlo* são reféns a sua própria ineficiência e ineficácia. À medida que aos processos produtivos e à actividade económica acrescem novos níveis de complexidade; à medida que se tornam mais complexos e exigentes os padrões de conformidade ambiental; mais difícil se torna aperceber da violação desses mesmos padrões ambientais e mais necessário será uma maior e mais dispendiosa especialização dos serviços de monitorização.

Mesmo que se aumente o índice de controlo (à custa de crescentes sobrecustos), dificilmente se crê esse controlo administrativo consiga verificar adequada e atempadamente a totalidade das exigências estabelecidas. Significa isto que ao aumento da exigência ambiental corresponde, inapelavelmente, uma diminuição dos incentivos ao cumprimento e um aumento das oportunidades para comportamentos inobserváveis – ou seja, quanto mais se aumenta o padrão ambiental, mais o potencial infractor é insindicável (*judgement proof*) e, mais aumentando o risco moral, mais se afastará o *agente* da conduta pretendida pelo *principal*[66].

---

[64] Estima-se em mil milhões de dólares a poupança gerada em 1992 nos Estados Unidos da América pela adopção de instrumentos de mercado em detrimento de restrições administrativas; e estima-se que esse valor tenha atingido os dezasseis mil milhões em 2000. Chama-se a atenção para o facto de esses montantes serem poupanças *estimadas* e não poupanças *reais*, uma vez que a maior parte dos estudos se baseia em simulações *ex ante* que pressupõem resultados óptimos dos mecanismos de mercado, sem uma posterior validação empírica – a qual, diga-se, sempre seria de difícil obtenção: V. Hahn, R.W. (2005), 659.

[65] Porter, M.E. & C.v.d. Linde (1995), 97-118.

[66] Polinsky, A.M. (2003), 8; Grossman, S.J. & O.D. Hart (2003), 172.

4. A Composição da Responsabilidade Civil Ambiental

4.1. *A opção por um regime de responsabilidade civil ambiental*

1. A responsabilidade civil extracontratual pode ser vista – e é-o na dogmática jurídica – como um mecanismo de compensação pela produção de danos, assumindo a existência de um lesante (o poluidor, no caso ambiental) e um ou mais lesados (os demais). Vista assim, dir-se-ia que a responsabilidade civil no domínio ambiental serviria desígnios tipicamente pigouvianos: um mecanismo que permitiria aos lesados impor ao poluidor a internalização dos custos sociais gerados, fazendo equivaler o custo social ao custo privado.

Essa apreciação apresenta-se, todavia, incompleta em face das funções que esse instituto jurídico parece assumir: a responsabilidade civil pode ser também considerada como um instrumento económico através do qual se procura dissuadir a causação de danos ou desperdício, criando um risco não negligenciável junto dos *agentes* de ter de pagar pela ineficiência por si gerada. Importa, pois, considerá-la como um sistema de incentivos, inserido numa lógica da Teoria da Agência, que cumpre a função social de estimular em todo os *agentes* a vontade e o esforço de atingir a afectação de recursos economicamente mais eficiente – a meta ambicionada por qualquer *principal*[67]. Assim mais completamente observada, importa concluir que a responsabilidade civil no domínio ambiental – abandonando o paradigma pigouviano de *lesantes* e *lesados* – constitui uma abordagem para os problemas ambientais assente numa lógica de bilateralidade de utilização dos recursos, postulada por Coase, em que a utilização de um recurso é afecta a um ou vários indivíduos através de *property rights*, podendo essa utilização mudar posteriormente de mãos através de uma transacção entre os agentes no valor que vier a ser fixado por uma autoridade, ao abrigo de uma *liability rule*.

Nessa perspectiva, a resolução de problemas ambientais com recurso a regras de responsabilidade civil revela-se a vários títulos vantajosa. Se a alocação inicial dos direitos de disposição dos recursos tiver sido economicamente eficiente, o valor da compensação equivale à depreciação causada à parte entitulada; se assim não tiver sido,

---

[67] Kaplow, L. & S. Shavell (1999), 2.

haverá ganhos com essa troca a favor daquele que está sujeito à *liability rule*, almejando-se um resultado maximizador do bem-estar social[68].

Por outro lado, contrariamente ao que sucede nos mecanismos regulatórios – em particular no de *comando e controlo* –, o Estado não substitui as relações *principal-agente* exitentes entre os diversos utilizadores do recurso por uma única – a que tem lugar entre si e todos os regulados. O Estado prefere, ao contrário, atribuir direitos indemnizatórios aos diversos utilizadores de recursos e a criar um ambiente de baixos custos de transacção, mercê das tutelas inspectiva e judicial que coloca à disposição dos *principais* e *agentes*, que permitam atingir um resultado economicamente eficiente – revela-se, aliás, preferível fixar *liability rules* do que *property rules*, as quais se revelam mais imunes a problemas de comportamentos negociais estratégicos de *hold-out* das partes e à existência de fenómenos de informação privada[69].

4.2. *Assimetria informativa e inobservabilidade*

2. É de facto um resultado economicamente eficiente o atingido quando o Estado tenha à sua disposição total informação sobre os factos relevantes no contexto da responsabilidade civil, até porque, num ambiente de simetria informativa e adoptando-se quer um regime de responsabilidade objectiva (*no fault*) quer subjectiva (em que se aprecia e valoriza o elemento volitivo da *culpa*), os *agentes* são sempre incentivados a adoptar um nível de precaução óptima.

Num regime de responsabilidade civil ambiental baseado na culpa, o tribunal forma a sua convicção acerca da existência de eventual negligência comparando a conduta do *agente* com o padrão teórico de cautela cuja adopção lhe seria razoavelmente exigível (*due care*) – concluindo não haver negligência e eximindo o alegado poluidor de qualquer responsabilidade, se o seu comportamento tiver estado à altura desse padrão de cautela. Isto significa que, num ambiente de simetria informativa em que o tribunal possa conhecer todos os factos relevantes e em que lhe seja possível fixar com correcção um padrão de cautela adequado, o utilizador-poluidor do recurso tomará

---

[68] Polinsky, A.M. (1980), 238, 243.
[69] Polinsky, A.M. (1979), 42-43.

as medidas de protecção ou correcção correspondentes a esse padrão – suportando os demais utilizadores os custos remanescentes, atingindo-se por essa via um resultado de eficiência económica na alocação do recurso.

E, outrossim, num esquema de responsabilidade objectiva em que o utilizador é responsável na medida da reparação do dano e em que é possível imputar-lhe o acto facilmente, este realiza um cálculo dos custos e dos benefícios da sua actividade, em que se incluem os custos da responsabilidade, e opta por suportar os custos de prevenção e controlo até ao limite do seu maior custo marginal, passando a partir daí a ser externalizados os custos gerados[70].

3. São, no entanto, vários os factores germinadores de assimetria informativa num regime de responsabilidade civil ambiental. À cabeça encontram-se os problemas de causalidade, dado que podem ocorrer várias fontes de um mesmo poluente, ou várias fontes de vários poluentes, que impedem o utilizador prejudicado de identificar com precisão a origem do dano sofrido – ou, como é frequente, em que medida é que cada acção de cada utilizador contribuiu para o prejuízo sofrido.

Por outro lado, muitos problemas ambientais declaram-se apenas decorrido um largo período de tempo sobre a ocorrência do facto que esteja na sua origem – o que, para além de tornar difícil ou até impossível a demonstração da relação causa-efeito, levanta usualmente problemas com as regras de prescrição em vigor. Os impactos ambientais de um determinado poluente podem ainda ser exponenciados em resultado de uma maior ou menor exposição a esse poluente.

Este *véu de ignorância* é tornado ainda mais opaco pela opção dos próprios *agentes* porcomportamentos estratégicos defensivos. Um utilizador-poluidor pode optar por não ser suficientemente solvente para pagar uma indemização de maior valor, donde resulta a sua falência e a externalização de todos os custos para o público[71]. Mais ainda, os *agentes* tendem a reter e impedir a disseminação de informação que possa levar à sua condenação no pagamento de indemnizações (apostando na condição *judgement proofness a* que já se referiu), bem como

---

[70] Shavell, S. (2005), 2-4; Faure, M.G. & G. Skogh (2003), 242-244; Kaplow, L. & S. Shavell (1999), 8; Skogh, G. & G. Rehme (1998), 171-172.
[71] Boyd, J. (2001), 3-4.

a favorecer maiores custos associados às acções judiciais e morosidade processual[72].

Um regime de responsabilidade objectiva não é exactamente o instrumento mais adequado a fazer cumprir o desiderato de plena bilateralidade de que nos fala o teorema de Coase: com efeito, ao invés de se colocar as partes em plano de igualdade para diminuir os custos de transacção e atingir um resultado de eficiência económica, um regime de *no fault* prefere partir do preconceito (anti-coaseano) de que uma das partes merece especial protecção, colocando a outra num plano negocial inicial mais desvantajoso. Mas, ao serviço de metas de tutela ambiental, não se pode deixar de dizer que um regime de responsabilidade objectiva é vantajoso à luz da Teoria da Agência.

De facto, associando os elementos de assimetria informativa acima referidos à já aludida crescente complexificação das actividades sujeitas a controlo ambiental e dos próprios padrões ambientais que tornam o utilizador-poluidor *judgement proof*, poderá entender-se a responsabilidade objectiva como preferível à subjectiva na medida em que facilita a tarefa do tribunal de enfrentar problemas de assimetria informativa próprios da responsabilidade subjectiva, como o sejam a detecção do comportamento danoso ou o apuramento da medida adequada de *due care*. Na responsabilidade objectiva não há lugar ponderação sobre se o *agente* à agiu com cuidado ou não, assentando esse regime apenas sobre a perigosidade da actividade desempenhada em si e na potencialidade de a mesma ser apta a causar o prejuízo alegado, cabendo ao operador realizar um mero cálculo custo-benefício da sua actividade. É assim um sistema de incentivos mais eficaz para combater a negligência, reduzir a perigosidade da actividade e para fornecer maior informação acerca da própria actividade, eliminando os fenómenos de selecção adversa e risco moral antes apontados[73], em particular se associada a regimes severos de segurança, requisitos mínimos de acesso a uma actividade ou até de responsabilidade criminal que tornem menos atraente a opção por um comportamento à prova de sindicância judicial[74].

---

[72] Shavell, S. (1997), 581-582.
[73] Skogh, G. & G. Rehme (1998), 172; Kaplow, L. & S. Shavell (1999), 8.
[74] Shavell, S. (2005), 10.

4.3. Custos de agência

4. Dizer que a responsabilidade civil ambiental consiste numa resposta *ex post* para os problemas ambientais seria quase suficiente para deixar subentendido que comporta custos de agência significativamente inferiores aos gerados pelas medidas *ex ante* de tutela ambiental adoptados pelo Estado. Assim é, desde logo, no que toca às despesas de monitorização. A responsabilidade civil goza de uma inegável vantagem sobre os instrumentos regulatórios – de *comando e controlo* e de base económica –, na medida em que esses custos administrativos apenas brotam com a existência de um dano e não antes e depois (e independentemente) da sua produção[75].

Por outro lado, os utilizadores dos recursos afectados dispõem invariavelmente de mais e melhor informação do que o Estado acerca do estado qualitativo e quantitativo desses recursos, dos danos que estejam a ser causados – na medida em que são eles que os sofrem – e dos responsáveis por esses prejuízos. São, por isso, os agentes de monitorização mais indicados para garantir o cumprimento das metas ambientais fixadas pelo Estado-*principal* – os seus interesses estão perfeitamente alinhados com o do Estado – sugerindo que a responsabilidade civil é um instrumento idóneo à prossecução da tutela ambiental[76].

Uma última nota para evidenciar que a responsabilidade fundada na culpa gera mais custos de agência do que a responsabilidade objectiva, porque requer a angariação e tratamento da informação indispensável não só a avaliar o dano causado como também a cautela usada e o nível de cautela devido[77].

No que respeita a despesas de cumprimento, as *liability rules* são igualmente preferíveis em face de instrumentos de *comando e controlo* e mesmo de instrumentos de base económica: as despesas a suportar pelos *agentes* poluentes referem-se unicamente ao montante respeitante, caso a caso, à realocação dos direitos aos recursos e até ao ponto de eficiência económica. Cabe a cada *agente* discernir de que modo e em que medida compensa usar de maior ou menor cautela ou de técnicas mais ou menos ambientalmente preferíveis, não lhe sendo exigido

---

[75] Shavell, S. (2005), 11.
[76] Kaplow, L. & S. Shavell (1999), 23.
[77] Polinsky, A.M. & S. Shavell (2006), 7; Kaplow, L. & S. Shavell (1999), 3.

o desvio de recursos técnicos e financeiros para tarefas e despesas de redução de cargas poluentes que, no fundo, são desnecessárias.

5. Por último, verificam-se custos de agência a título de perdas residuais e aqui incide o seu maior saldo negativo: a efectividade das *liability rules* e, neste caso, da tutela ambiental, depende substancialmente da faculdade de os utilizadores de recursos prejudicados demandarem judicialmente com sucesso os utilizadores poluentes para reparar os danos produzidos. Adivinha-se, por isso, que se a tutela ambiental for entregue unicamente a este mecanismo o cumprimento das metas ambientais desejadas pelo Estado-*principal* será substancialmente difícil.

Atalhar esse défice de tutela passa por estabelecer, ao invés de regras probatórias que exijam a realização de prova plena de que o poluidor é o responsável pelo dano, fixar regimes de responsabilidade solidária – com o correspondente direito de regresso entre poluidores – ou em regras especiais e atenuadas de demonstração do nexo causal – e não tanto na inversão do ónus da prova, atreito a causar fenómenos de selecção adversa[78]. Importa, igualmente, que o regime jurídico seja um sistema de incentivos imune à ocorrência de manifestações de risco moral, seja de comportamentos estratégicos baseados na incapacidade judicial de impor o pagamento de indemnizações seja por mor da insolvência útil. Além das soluções anteriormente apontadas, uma solução para a insolvência reside, para além do seguro, de que daremos conta de seguida, na extensão da responsabilidade civil a terceiros relacionados com o poluidor, seja a título solidário ou subsidiário, como a fornecedores, a distribuidores, ou (mais relevante) aos administradores de sociedades, os quais serão menos atraídos por comportamentos potencialmente danosos se se souberem na eminência de incorrer no dever de indemnizar. Trata-se de um incentivo ao fornecimento de informação ao mercado, reduzindo drasticamente o valor de custos de agência a título de despesas de monitorização (por via da auto-monitorização) e perdas residuais – desde que haja lugar a imputação apenas a título de negligência e não por via de uma extensão objectiva automática, sob pena de a sua conduta se tornar então irrelevante para o alinha-

---

[78] Faure, M.G. & G. Skogh (2003), 254; Faure, M.G. (2001), 14; Kaplow, L. & S. Shavell (1999), 9-11.

mento de interesses, aumentando, e não diminuindo, a propensão para fenómenos de risco moral[79].

Finalmente, garantir uma efectiva tutela ambiental pressupõe combater a grande dispersão de danos ambientais em que um único indivíduo (de vários possíveis) se vê pouco compensado a demandar judicialmente o alegado poluidor – casos em que os demais prejudicados até jogam na sua inércia, contando vir a beneficiar da diligência do demandante para mais tarde colher frutos sem os correspondentes encargos (fenómeno de *hold out*)[80].

4.4. *A cobertura financeira de danos ambientais*

4.4.1. *Seguro, garantias financeiras e fundos ambientais*

6. Perante a contingência de ter de suportar danos ambientais que possam vir a ser causados pela sua actividade, o agente económico pondera, numa lógica de aversão ao risco, a melhor forma de se precaver. Para agentes económicos dotados de meios financeiros próprios avultados, a constituição de auto-seguros, enquanto reservas financeiras afectas a esse desiderato, perfila-se como a resposta mais imediata. Sucede que os agentes económicos nem sempre detêm os recursos necessários para esse efeito; mesmo que os detenham, os montantes a reservar podem assumir proporções elevadas que tornam indesejável essa opção, já que esses montantes não podem ser libertados para outras actividades ou investimentos a realizar por esses agentes; e, ainda, os agentes económicos revelam a preferência, igualmente ditada pela aversão ao risco, de deslocar o risco e a responsabilidade da sua esfera jurídica para a de terceiros – razões, todas, pelas quais os agentes económicos optam por adquirir coberturas financeiras a terceiras entidades que respondam pelos danos que se possam verificar.

7. O seguro surge na primeira linha das respostas associadas aos regimes de responsabilidade civil e, segundo o prisma da Teoria da Agência, uma solução vantajosa já que responde positivamente aos problemas de monitorização e efectividade de que enferma a respon-

---

[79] Feess, E. (1999), 231-233, 242-243; Faure, M.G. & G. Skogh (2003), 275.
[80] Shavell, S. (1997), 581-582.

sabilidade civil ambiental, passando a predominar a relação *principal-agente* entre a seguradora e o segurado em que, prevalecendo um mais conseguido alinhamento de interesses, se cria um sistema de incentivos mais eficaz à consecução da tutela dos bens ambientais.

As seguradoras estão obviamente preocupadas que os seus activos sejam consumidos pelos danos que venham a ser causados pelos seus clientes, o que constitui um forte incentivo a monitorizar a segurança ambiental dos seus segurados. É por essa razão que as entidades seguradoras exigem informação rigorosa na relação com os seus clientes – os quais, para eliminar as consequências de fenómenos de selecção adversa, beneficiam em concedê-la –, diminuindo drasticamente a assimetria informativa no mercado. E a sua monitorização complementa eficientemente a monitorização do Estado-*principal*, visto que, além de cruzarem dados entre si, as seguradoras estão dotadas de meios técnicos e financeiros mais sofisticados na recolha de informação – que está na base da tomada das suas decisões financeiras. Tem por isso sido observado que a monitorização externa conduzida por entidades financeiras produz externalidades positivas na forma de menores custos de agência[81].

Mais, a responsabilidade financeira assegura que as despesas previstas relativas aos riscos ambientais constam dos documentos económicos dos *agentes*. Assim, se os novos investimentos trazem a si associados possíveis danos ambientais, aumenta a sua responsabilidade financeira e a relevância dessas despesas reflecte-se na escolha de comportamentos menos atreito à produção de danos – diminuindo assim as perdas residuais.

Mais recentemente, o mercado segurador tem voltado a sua atenção para a subscrição de seguros por danos próprios (*first-party insurance*), que têm a vantagem de permitir uma melhor adaptação do prémio e das condições da apólice ao risco aos danos potenciais (pois mais facilmente se calcula um dano sobre os bens próprios do que sobre um universo indeterminado de bens alheios) e, por isso uma melhor diferenciação do risco. Com um controlo do risco moral pela seguradora (por exemplo, aumentando o prémio para os maus riscos),

---

[81] As entidades financeiras têm, por exemplo, a capacidade de recolher informação detalhada sobre o *agente* junto de fontes próximas, como sejam os respectivos fornecedores, clientes ou entidades públicas e privadas que com ele se relacionem: Ang, J.S., R.A. Cole & J.W. Lin (2000), 88 e 104; Boyd, J. (2001), 9.

podem ser evitadas as actividades de maior risco, como construir uma casa em zona inundável ou de leito de cheias. Opção que acolhe um princípio de lesado-pagador, espelhando o pressuposto do teorema de Coase de que, inexistindo custos de transacção, a alocação inicial de direitos é indiferente para atingir um o resultado de eficiência económica[82].

Há ainda outras modalidades de cobertura financeira, tais como letras de crédito, contas e garantias bancárias, a constituição de fundos privados e, ainda, sistemas de auto-demonstração de solvabilidade que asseguram o pagamento de indemnizações[83]. São soluções de particular interesse, por exemplo, nos casos de danos de elevada dimensão, como os dos acidentes nucleares, em que têm sido adoptados acordos de partilha de risco entre os vários operadores de um sector, cruzados com sistemas de *pools* de seguros. Desse modo, todos os operadores, numa lógica não competitiva, garantem tanto as condições para o exercício da actividade – o que de outra forma seria muito difícil em face dos prémios de seguro envolvidos – quanto a tutela de terceiros – que de outra forma dificilmente poderiam ser tutelados por seguros com uma cobertura eficiente: na ocorrência de um acidente nuclear, os custos são suportados por todos os operadores, num fenómeno de dispersão do risco sem custo social, já que essa dispersão é feita entre o leque de potenciais poluidores – diminuindo, mais uma vez, o espectro das despesas de monitorização e de perdas residuais associados às relações de agência criadas em regimes de responsabilidade civil ambiental.

8. Mas mesmo assim pode dar-se o caso de as coberturas financeiras não serem resposta suficiente para atingir os objectivos ambientais fixados pelo Estado. Basta pensar nas situações em que não seja possível imputar o dano a um autor – pense-se nos passivos ambientais, na poluição difusa, crónica ou progressiva, ou nos fenómenos catastróficos – ou em que, sendo possível, os custos de reparação excedem as capacidades financeiras do poluidor ou da entidade que assegura a cobertura financeira.

Confrontado com essas dificuldades de assegurabilidade de riscos ambientais, o Estado pode assumir o papel de *último segurador*,

---

[82] Faure, M.G. (2007), 345; Faure, M.G. & G. Skogh (2003), 151.
[83] Boyd, J. (2001), 23-27; Demeester, M.-L. (2006), 497-500; Callewaert, V. (2006), 539-540.

constituindo fundos financeiros especiais. Fundos esses que tanto podem ser fundos de indemnização, que em razão de imperativos proteccionistas accionam imediata e directamente o pagamento de indemnizações – como no caso de catástrofes naturais –; ou de garantia, suportando os custos gerados pelo dano efectivamente imputável a um poluidor e aliviando o lesado do ónus de ter de proceder judicialmente para obter a compensação – ficando depois o fundo subrogado na recuperação desse dispêndio[84-85].

4.4.2. *Assimetria informativa e inobservabilidade*

9. A assegurabilidade de um risco ambiental conhece obstáculos de três naturezas: jurídica, quanto à imputabilidade dos danos; actuarial, porquanto o risco tem de ser mensurável e mutualizável; e económica, na medida em que tem de ser suportável pelo tomador do seguro. É crucial que a seguradora possua informação precisa acerca da probabilidade de ocorrência do evento e da possível magnitude do dano, uma vez ocorrido o acidente, uma vez que esses dados estão na base do cálculo do designado prémio actuarial justo. Se a seguradora tem informação perfeita *ex ante* acerca da previsibilidade da probabilidade e magnitude do dano, o risco é assegurável. A disponibilidade de informação e capacidade de controlar o comportamento e os resultados dos *agentes* assume, assim, importância preponderante na operatividade da cobertura financeira.

Assegurar a angariação dessa informação é um problema, todavia, no domínio ambiental, em resultado de diversos elementos que influenciam negativamente a capacidade de prever o risco. A informação *ex ante* acerca dessa previsibilidade é normalmente escassa, fruto do carácter relativamente recente dos riscos ambientais, manifestada na falta de estatísticas fiáveis no que respeita tanto à probabilidade quanto à magnitude do dano – ainda que as seguradoras lidem, geralmente, com esta dificuldade cobrando um prémio adicional por conta dos eventos de díficil previsibilidade[86]. Escassez que não é compen-

---

[84] Millet, F. & V. Heuzé (2006), 476.

[85] Cfr. Costa Pina, C. (2005), 327-329, a propósito de fundos de garantia existentes no ordenamento jurídico português.

[86] Demeester, M.-L. (2006), 483-484; Callewaert, V. (2006), 521; Faure, M.G. (2001), 5-7.

sada de moto próprio pelos segurados, que preferem fornecer às entidades financeiras não a integralidade de informação acerca da sua actividade, mas sim, normalmente, apenas a que permita evidenciar um conjunto de factos que propiciem o pagamento de um prémio de seguro mais baixo – excepto quando para fazer face a fenómenos de selecção adversa, em que os agentes beneficiam de prestar informação ou de estabelecer uma sólida reputação imaculada.

10. As entidades financeiras têm por isso o maior interesse em observar a realização do risco, procurando anular a desvantagem informativa inicial. É o que procuram fazer através de complexos sistemas de monitorização e acompanhamento da actividade do titular da cobertura financeira – e a realidade revela que, de facto, a assimetria informativa de que gozava no momento inicial da relação desaparece tendencialmente com a passagem do tempo e a manutenção do vínculo com a entidade financeira[87].

Alguns instrumentos financeiros, como as garantias bancárias, permitem ainda um acesso quase imediato aos fundos de reserva, o que inverte o ónus da prova do Estado ou do lesado para o alegado poluidor: ao invés de demonstrar que a reparação é devida e de procurar, subsequentemente, meios financeiros para o efeito, recai sobre o poluidor o ónus de demonstrar que não é responsável[88].

Já no contexto dos fundos ambientais, repetem-se muitos dos problemas de assimetria informativa e inobservabilidade revelados no contexto dos instrumentos de *comando e controlo*, mormente no que tange à dificuldade de o Estado-*principal* deter a mesma informação que os seus *agentes* e observar o seu comportamento. Mas acentuados aqui pelo facto de os *agentes* verem nestes fundos, em particular nos de garantia, um escape para as suas responsabilidades, um verdadeiro estímulo a seguradoras e segurados para reter informação ao Estado-*principal* – pois se não for possível imputar a responsabilidade a um *agente*, o fundo responderá pelo dano.

---

[87] Cohen, A. (2003), 6; Demeester, M.-L. (2006), 494.
[88] Boyd, J. (2001), 10.

4.4.3. *Custos de agência*

11. São várias as despesas de monitorização geradas com as coberturas financeiras – em particular o seguro. Para que o encargo financeiro da cobertura seja devidamente fixada e para que a entidade financeira não se veja a braços com o paragamento de indemnizações indevidas, esta necessita de monitorizar pormenorizadamente o comportamento do seu segurado e exigir através das condições da apólice ou das garantias a execução de medidas preventivas. Esse controlo do risco moral requer que a seguradora tenha informação – como informação documental e estatística e um mínimo de casos análogos –, o que pode conduzir à especialização das entidades financeiras envolvidas na cobertura financeira da responsabilidade civil ambiental de molde a excluir os maus riscos e a recompensar os bons riscos – sob pena de actuarem sob uma estratégia de selecção adversa[89].

Por isso, a avaliação do montante coberto representa um encargo financeiro significativo para as entidades financeiras, em particular no que toca à auditoria dos elementos fornecidos e da metodologia produtiva empregue – são imperiosas, desde logo, as auditorias conduzidas por entidades certificadas e com as necessárias habilitações técnicas. Acresce, a jusante, a necessidade de garantir que os *agentes* cumprem as obrigações de segurança e, de um modo geral, as obrigações contratadas[90].

O recurso a instrumentos de cobertura financeira gera, igualmente, a necessidade de monitorização da actividade dos *agentes* por parte do Estado-regulador, para garantir a existência de fundos para cobrir eventuais danos ambientais, verificando a correspondência entre os instrumentos financeiros e a realidade coberta e a sua contínua validade. Ao Estado incumbe ainda controlar se as entidades financeiras são fidedignas e exercem a sua actividade dentro dos parâmetros exigidos – e o facto de o regulador carecer, para esse efeito, de recursos humanos e técnicos especializados tornam mais onerosas essas despesas de monitorização. E, não menos importante, compete ao Estado corrigir situações em que seguradora e segurado se conluiam para que não seja paga qualquer indemização a terceiros.

---

[89] Faure, M.G. (2001), 10; Faure, M.G. (2000), 466; Skogh, G. (2000), 525.
[90] Boyd, J. (2001), 39-41, 47-48.

Em certas modalidades muito particulares de garantias financeiras, como os acordos de partilha de risco ou de *pool* de garantias, a redução da selecção adversa e do risco moral opera pela combinação dos interesses de todos os participantes, adoptando-se sistemas eficazes de auto-monitorização e de monitorização recíproca que garantem a simetria de informação: é que quanto mais escorreita e transparente for a relação, menos probabilidades há de os vários participantes terem de suportar indevidamente os custos gerados por operadores negligentes ou agindo com risco moral[91].

Ao nível das despesas de cumprimento, para além do dispêndio gerado pelo estímulo à não produção de danos ambientais – geralmente incidente sobre os processos produtivos – ou do próprio pagamento de indemnizações, costuma apontar-se à solução da cobertura financeira, como o seguro ou as garantias bancárias, os receios de perturbações em larga escala na actividade económica, advenientes da necessidade de subscrever instrumentos financeiros substancialmente dispendiosos – são, todavia, receios que não se têm confirmado, os quais melhor se explicam com uma reacção defensiva à efectiva redistribuição dos custos sociais[92].

13. Ao transferir o risco de pagamento de indemnizações do potencial poluidor para a entidade financeira, pode ser eliminado o incentivo administrado pelo efeito dissuasor da responsabilidade civil ao potencial poluidor para actuar com a cautela exigida pela efectiva tutela ambiental – donde, cresce significativamente a potencialidade de ocorrência de perdas residuais no que concerne à satisfação das metas ambientais fixadas pelo Estado-*principal*.

Para a entidade financeira, o problema coloca-se em saber que sistema alternativo de incentivos pode ser instituído que reproduza o estímulo que existiria na ausência de cobertura financeira de terceiros, voltando a alinhar os interesses de todas as partes. Por exemplo, se o seguro for vendido com cobertura meramente parcial, o poluidor partilha o risco, pelo que se mantém, também parcialmente, o estímulo; e em busca de melhor informação, as entidades financeiras socorrem-se normalmente de análises integrais (*screening*) e das classificações de experiência (*experience rating*)[93].

---

[91] Faure, M.G. & G. Skogh (2003), 273-276; Faure, M.G. (1995), 36-37.
[92] Boyd, J. (2001), 33.
[93] Shavell, S. (2005), 6; Faure, M.G. (2001), 8.

Podem, por tudo quanto já foi dito, ocorrer situações de verdadeira fraude: visto que os *agentes* detêm mais informação que a entidade financeira relativamente às condições da actividade produtiva e à magnitude de sinistros, propende o surgimento de comportamentos eivados por risco moral, como seja a declaração inflacionada pelo segurado do montante de perdas sofridas. Essa fraude pode ser premeditada ou ser mero fruto da ocasião. É um problema típico das relações de agência em ambiente de assimetria informativa, em que o *agente* pretende prevalecer-se de uma situação de inatacabilidade judicial para maximizar o seu bem-estar em detrimento do da entidade financeira – daí a resposta surgir amiúde sob a forma de sanções criminais, que tornam menos atraente a análise custo-benefício feita pelo *agente*[94].

14. Outra medida a que o Estado costuma lançar mão para tentar garantir uma reparação efectiva dos danos ambientais é a obrigatoriedade legal de constituição de seguro, passível de eliminar estratégias de selecção adversa.

A razão económica do seguro ambiental obrigatório assenta no problema da criação de externalidades negativas: na ausência de um seguro adequado, o poluidor pode externalizar o risco através da sua falência. Ora, estando a seguradora, graças à obrigatoriedade de segurar, exposta à responsabilidade total, fica igualmente incentivada a controlar o comportamento do segurado através dos já mencionados mecanismos de monitorização do risco moral[95]. Mais ainda, o seguro obrigatório responde satisfatoriamente a problemas de assimetria informativa manifestados junto dos agentes económicos que, por falta de informação acerca da probabilidade e da magnitude dos potenciais danos, de outra forma não celebrariam contratos de seguro – as escolhas individuais relativamente ao risco fundam-se muitas vezes em desconhecimento do risco real existente[96].

O seguro obrigatório é, no entanto, uma solução que afasta a possibilidade de resolução de litígios por via negocial livre, retirando inclusivamente a possibilidade de atingir outras soluções com resultados de maior eficiência económica. Acresce que só pode ser imposta a um universo restrito de destinatários, nomeadamente àqueles cujas

---

[94] Hoyt, R.E., D.B. Mustard & L.S. Powell (2006), 430-431, 447-448.
[95] Faure, M.G. (2001), 38-42; Skogh, G. (2000), 524-530.
[96] Viscusi, W.K. (2006), 9; Faure, M.G. (2007), 41, 348-349.

actividades comportem, elas próprias, um risco elevado de dano ambiental, seja por via da natureza das matérias-primas utilizadas ou do produto final, seja pela especial perigosidade do próprio processo produtivo[97]. Sob pena de suscitar novos probelmas de risco moral: é o que sucede no seguro automóvel, em que se tem verificado que a obrigatoriedade, imposta a indivíduos destituídos de aversão ao risco e menos informados, traz consigo um aumento do número de sinistros. Uma obrigação generalizada de segurar pode, portanto, comportar um aumento do custo social[98].

15. Quando a tarefa de assegurar é assumida por entes públicos, como sejam fundos públicos, são minimizados os custos de transacção associados ao pagamento de indemnizações. É que mesmo que o regime de responsabilidade civil esteja firmemente consolidado, a faculdade de recorrer judicialmente de decisões desfavoráveis, a morosidade processual e a própria incerteza do resultado final do pagamento de indemnizações – ou seja, o leque de estratégias que tornam os *agentes judgement proof* – dificultam a transferência de recursos dos poluidores para os lesados.

Os fundos públicos – tanto os de garantia quanto os de indemnização – devem ser constituídos com um carácter subsidiário, ou seja, devem actuar apenas quando não seja possível accionar outros mecanismos aptos a produzir o mesmo fim, como os regimes de responsabilidade civil ou o seguro ou garantias bancárias. E para manter alguns incentivos à não adopção de comportamentos de risco moral por parte dos agentes, afigura-se importante que os fundos de garantia não respondam pela cobertura total dos danos – não permitindo, assim, uma transferência integral do risco[99].

Mas, de um modo geral, devem ser estabelecidos mecanismos que garantam que tanto poluidores como lesados procurem a resolução dos litígios por outras vias, sem que se crie um *efeito de boleia* sobre os fundos públicos – a mera existência de um fundo dilui os incentivos à adopção de coberturas financeiras: o *agente* não encontra razão para essa despesa de cumprimento se souber que há sempre um fundo pú-

---

[97] Millet, F. & V. Heuzé (2006), 473-474; Callewaert, V. (2006), 532-536; Faure, M.G. (2001), 49.
[98] Faure, M.G. (2001), 45; Cohen, A. & R. Dehejia (2004), 388.
[99] Faure, M.G. (2007), 354-355.

blico que cobre as despesas indemnizatórias. Para que não se resolva um problema acorrendo a um outro, o dos bolsos fundos (*deep pockets*)dos fundos públicos, a cobertura financeira pública comporta um acréscimo de despesas de monitorização, referentes à fiscalização e auditoria associadas ao funcionamento do fundo para impedir a sua utilização abusiva. Despesas de monitorização que se repetem quando o fundo público (de garantia) exerça os direitos em que é subrogado ao pagar a indemização por conta do poluidor.

Quanto ao financiamento dos fundos, deve assentar não num financiamento através de instrumentos fiscais gerais – taxas e impostos não ambientais –, mas sim sobre instrumentos fiscais ambientais incidentes sobre os potenciais poluidores. Os impostos gerais – nomeadamente os que tributam em função da capacidade contributiva – não reflectem a segurança, tecnologia e cautela dos *agentes* – ou seja, não reflectem o risco da actividade –, pelo que soçobram na tarefa de criar um incentivo à redução do risco: pelo contrário, consagram uma socialização do risco, em que o risco moral do *agente* é dado como aceite e diluído na responsabilidade colectiva do universo de contribuintes. Assim, caso tenha se abrir espaço a esse financiamento, tal deve suceder na medida de um mínimo garantístico, ou seja, à medida em que não se torne impossível a intervenção desse fundo em virtude de a amplitude do sinistro exceder a sua capacidade de resposta[100].

O seu financiamento deve ainda recair sobre o conjunto de potenciais autores de danos a recursos ambientais, através de contribuições lançadas sobre os prémios de seguro pagos ou sobre o volume de negócios de certas áreas de actividade, integrando nos preços dos produtos o respectivo custo social, contribuindo inclusivamente para reorientar o consumo para bens que não gerem semelhantes níveis de perturbação ambiental. Essa solução gera, todavia, maiores despesas de monitorização, destinadas a garantir que o fundo é verdadeiramente subsidiário e ou substitutivo, para evitar que o mesmo se comporte numa lógica de selecção adversa em que se trataria da mesma forma tanto os *agentes* que produzem reais esforços para reduzir a dimensão poluente da sua actividade como aqueles que, desse modo e actuando com risco moral, se revelam crescentemente negligentes. Sem dúvida

---

[100] Boyd, J. (2001), 22; Millet, F. & V. Heuzé (2006), 477-479; Demeester, M.-L. (2006), 497.

que será do interesse dos bons *agentes* eliminar essa assimetria informativa, mas sempre haverá um aumento de custos de agência destinados a observar comportamentos.

BIBLIOGRAFIA

ANG, JAMES S., REBEL A. COLE & JAMES W. LIN (2000), "Agency Costs and Ownership Structure", *The Journal of Finance*, 55(1), 81-106

ARAGÃO, MARIA ALEXANDRA DE SOUSA (1997), *O Princípio do Poluidor Pagador – Pedra Angular da Política Comunitária do Ambiente*, Coimbra, Coimbra Editora

ARAÚJO, FERNANDO (2005), *Introdução à Economia*, 3.ª ed., Coimbra, Almedina

ARAÚJO, FERNANDO (2007), *Teoria Económica do Contrato*, Coimbra, Almedina

ARCURI, ALESSANDRA (2005), "A Different Reason for «De-Coasing» Environmental Law and Economics", *European Journal of Law and Economics*, 20(2), 225-246

BISHOP, WILLIAM (1998), "Agency Cost and Administrative Law", *in* Newman, P. (org.) (1998), I, 21-26

BLACKMAN, ALLEN (2005), *Colombia's Discharge Fee Program: Incentives to Polluters or Regulators?* (paper)

BOUCKAERT, BOUDEWIJN & GERRIT DE GEEST (orgs.) (2000), *Encyclopedia of Law and Economics*, 5 vols., Cheltenham, Edward Elgar

BOYD, JAMES (2001), "Financial Responsibility for Environmental Obligations: Are Bonding and Assurance Rules Fulfilling Their Promise?" (paper)

BROUSSEAU, ERIC & JEAN-MICHEL GLACHANT (ORGS.) (2000), *The Economics of Contracts – Theories and Applications*, Cambridge, Cambridge University Press

CALABRESI, GUIDO & A. DOUGLAS MELAMED (1972), "Property Rules, Liability Rules and Inalienability: One View of the Cathedral", *Harvard Law Review*, 85(6), 1089-1128

CALLEWAERT, VINCENT (2006), "Les Assurances Contre les Atteintes a l'Environnement et ses Alternatives: Une Response Satisfaisante? Rapport Belge", *in* Viney, G. & B. Dubuisson (orgs.) (2006), 501-543

CHARREAUX, GÉRARD (2002), "Positive Agency Theory: Place and Contributions", *in* Brousseau, E. & J.-M. Glachant (orgs.) (2000)

COASE, RONALD H. (1960), "The Problem of Social Cost", *Journal of Law and Economics*, 3, 1-44

COHEN, ALMA (2003), "Asymmetric Information and Learning: Evidence from the Automobile Insurance Market" (paper)

COHEN, ALMA & RAJEEV DEHEJIA (2004), "The Effect of Automobile Insurance and Accident Liability Laws on Traffic Fatalities", *The Journal of Law and Economics*, 47(2), 357-393

COSTA PINA, CARLOS (2005), *Instituições e Mercados Financeiros*, Coimbra, Almedina

DEMEESTER, MARIE-LUCE (2006), "L'Assurance et les Techniques Alternatives de Financement des Dommages Environnementaux. Rapport Français", *in* Viney, G. & B. Dubuisson (orgs.) (2006), 483-500

EATWELL, JOHN, MURRAY MILGATE & PETER NEWMAN (ORGS.) (1987), *The New Palgrave. A Dictionary of Economics*, 4 vols., London, Macmillan

EGTEREN, HENRY VAN, R. TODD SMITH & DEAN MCAFEE (2004), "Harmonization of Environmental Regulations When Firms are Judgement Proof", *European Journal of Law and Economics*, 17(2), 139-164

FAÍNA, J. ANDRÉS, ANTONIO GARCÍA-LORENZO & JESÚS LÓPEZ-RODRÍGUEZ (2006), "European Integration from the Agency Theory Perspective", *European Journal of Law and Economics*, 21(1), 5-12

FAURE, MICHAEL G. (1995), "Economic Models of Compensation for Damage Caused by Nuclear Accidents: Some Lessons for the Revision of the Paris and Vienna Conventions", *European Journal of Law and Economics*, 2(1), 21-43

FAURE, MICHAEL G. (2000), "Environmental Regulation", *in* Bouckaert, B. & G. de Geest (orgs.) (2000), II, 443-520

FAURE, MICHAEL G. (2001), "Environmental Damage Insurance in Theory and Practice" (paper)

FAURE, MICHAEL G. (2007), "Financial Compensation for Victims of Catastrophes: a Law and Economics Perspective", *Law and Policy*, 29(3), 339-367

FAURE, MICHAEL G. & GÖRAN SKOGH (2003), *The Economic Analysis of Environmental Policy and Law. An Introduction*, Cheltenham, Elgar

FEESS, EBERHARD (1999), "Lender Liability for Environmental Harm: An Argument Against Negligence Based Rules", *European Journal of Law and Economics*, 8(3), 231-250

GAROUPA, NUNO & MOHAMED JELLAL (2002), "A Note on Optimal Law Enforcement under Asymmetric Information", *European Journal of Law and Economics*, 14(1), 5-13

GROSSMAN, SANDFORD J. & OLIVER D. HART (2003), "An Analysis of the Principal-Agent Problem", *in* Laffont, J.-J. (org.) (2003), 144-182

HAHN, ROBERT W. (2005), "The Impact of Economics on Environmental Policy", *in* Stavins, Robert N. (org.) (2005), 649-676

HARRINGTON, WINSTON (2004), "Industrial Water Pollution in the United States – Direct Regulation or Market Incentive?", *in* Harrington, W., R.D. Morgenstern & T. Sterner (orgs.) (2004), 67-91

HARRINGTON, WINSTON, RICHARD D. MORGENSTERN & THOMAS STERNER (ORGS.) (2004), *Choosing Environmental Policy – Comparing Instruments and Outcomes in the United States and Europe*, Washington, Resources For the Future

HOYT, ROBERT E., DAVID B. MUSTARD & LAWRENCE S. POWELL (2006), "The Effectiveness of State Legislation in Mitigating Moral Hazard: Evidence from Automobile Insurance", *The Journal of Law and Economics*, 49(2), 427-450

JAFFE, ADAM B. & ROBERT N. STAVINS (1995), "Dynamic Incentives of Environmental Regulations: The Effects of Alternative Policy Instruments on Technology Diffusion", *Journal of Environmental Economics and Management*, 29, 43-63

JENSEN, MICHAEL C. (1994), "Self-Interest, Altruism, Incentives, & Agency Theory", *Journal of Applied Corporate Finance*, 7(2)

JENSEN, MICHAEL C. & WILLIAM H. MECKLING (1976), "Theory of The Firm: Managerial Behaviour, Agency Costs, And Ownerships Structures", *Journal of Financial Economics*, 3, 305-60

KAPLOW, LOUIS & STEVEN SHAVELL (1999), "Economic Analisys of Law" (paper)
KEOHANE, NATHANIEL (2006), "Environmental Policy Design and the Distribution of Pollution Control Techniques in a Regulated Industry" (paper)
KRAWIEC, KIMBERLY D. (2005), "Organizational Misconduct: Beyond the Principal-Agent Model", *Florida State Law Review*, 32, 1-45
LAFFONT, JEAN-JACQUES (ORG.) (2003), *The Principal-Agent Model – The Economic Theory of Incentives*, Cheltenham, Elgar
LERCH, ACHIM (1998), "Property Rights and Biodiversity", *European Journal of Law and Economics*, 6(3), 285-304
MILLER, GARY J. & ANDREW B. WHITFORD (2001), "Trust and Incentives in Principal-Agent Negotiations: The «Insurance/Incentive Trade-Off»" (paper)
MILLET, FLORENCE & VINCENT HEUZÉ (2006), "Les Fonds d'Indemnisation et l'Assurance", *in* Viney, G. & B. Dubuisson (orgs.) (2006), 455-482
NEWMAN, PETER (ORG.) (1998), *The New Palgrave Dictionary of Economics and the Law*, 3 vols., Londres, Macmillan
POLINSKY, A. MITCHELL (1979), "Controlling Externalities and Protecting Entitlements: Property Right, Liability Rule, and Tax-Subsidy Approaches", *Journal of Legal Studies*, 8, 1-48
POLINSKY, A. MITCHELL (1980), "On the Choice Between Property Rules and Liability Rules", *Economic Inquiry*, 18(2), 233-246
POLINSKY, A. MITCHELL (2003), "Principal-Agent Liability" (paper)
POLINSKY, A. MITCHELL & STEVEN SHAVELL (1999), "The Economic Theory of Public Enforcement of Law" (paper)
POLINSKY, A. MITCHELL & STEVEN SHAVELL (2006), "Public Enforcement of Law" (paper)
PORTER, MICHAEL E. & CLAAS VAN DER LINDE (1995), "Towards a New Conception of The Environment-Competitiveness Relationship", *Journal of Economic Perspectives*, 9(4), 97-118
POSNER, ERIC A. (2000), "Agency Models in Law and Economics" (paper)
REVESZ, RICHARD L. & ROBERT N. STAVINS (2004), "Environmental Law and Public Policy" (paper)
ROSS, STEPHEN A. (1973), "The Economic Theory of Agency: The Principal's Problem", *American Economic Review*, 63(2), 134-139
SELLENTHIN, MARK O. & GÖRAN SKOGH (2004), "Property Rights in Endangered Species: *The Wolverine Case*", *European Journal of Law and Economics*, 18 (2), 239-247
SHAVELL, STEVEN (1997), "The Fundamental Divergence Between The Private and The Social Motive To Use The Legal System", *Journal of Legal Studies*, 26(Junho), 575-612
SHAVELL, STEVEN (2005), "Economics and Liability for Accidents" (paper)
SKOGH, GÖRAN (2000), "Mandatory Insurance: Transaction Costs Analysis of Insurance", *in* Bouckaert, B. & G. de Geest (orgs.) (2000), II, 521-537
SKOGH, GÖRAN & GAD REHME (1998), "An Economic Analysis of a Swedish Environmental Liability Case", *European Journal of Law and Economics*, 5(2), 167-177
SMITH, CLIFFORD W. (1987), "Agency Costs", *in* Eatwell, J., M. Milgate & P. Newman (orgs.) (1987), I, 39-40

STAVINS, ROBERT N. (2004), "Environmental Economics" (paper)
STAVINS, ROBERT N. (org.) (2005), *Economics of the Environment – Selected Readings*, Nova Iorque, W.W. Norton & Company
STAVINS, ROBERT N. (2006), "Vintage-Differentiated Environmental Regulation", *Stanford Environmental Law Journal*, 25(1), 29-63
STIGLITZ, JOSEPH E. (1987), "Principal and Agent (II)", *in* Eatwell, J., M. Milgate & P. Newman (orgs.) (1987), III, 966-972
VINEY, GENEVIÈVE & BERNARD DUBUISSON (orgs.) (2006), *Les Responsabilités Environnmentales Dans l'Espace Européen*, Bruxelas, Bruylant
VISCUSI, W. KIP (2006), "Regulation of Health, Safety and Environmental Risks" (paper)

II. Jurisprudência

ACÓRDÃO DO STA – PLENO DA SECÇÃO DO CONTENCIOSO ADMINISTRATIVO, DE 07-02-2006 (PROC. 047545)

Relator: *Conselheiro Políbio Ferreira Henriques*

ASSUNTO: AUTO-ESTRADA. DECISÃO. PLANO DIRECTOR MUNICIPAL. PLANO SECTORIAL. INSTRUMENTO DE GESTÃO TERRITORIAL. HIERARQUIA.

Sumário:

I – A hierarquia é o mais importante dos princípios jurídicos que disciplinam o relacionamento entre os vários instrumentos de gestão territorial.

II – Nos termos previstos no art. 35.º/2/c) do Decreto-Lei n.º 380/ /99 de 22 de Setembro, para efeitos deste diploma, são considerados planos sectoriais as decisões sobre a localização e a realização de grandes empreendimentos públicos com incidência territorial.

III – Tais decisões estão submetidas às regras das relações dos planos entre si e não ao regime da sujeição dos actos administrativos aos instrumentos de gestão territorial.

IV – Sendo divergentes e inconciliáveis as opções de um plano sectorial e de um plano director municipal preexistente, prevalece o plano sectorial, devendo a harmonização normativa fazer-se através da alteração do plano municipal.

(http://www.dgsi.pt/jsta.nsf/35fbbbf22e1bb1e680256f8e003ea931/5c7 fe019f7ca908d8025711d003fac4b?OpenDocument)

ACÓRDÃO DO STA – SECÇÃO DO CONTENCIOSO ADMINISTRATIVO, DE 14-02-2006 (PROC. 0600/05)

Relator: *Conselheiro J. Simões de Oliveira*

ASSUNTO: DEMOLIÇÃO DE OBRA. OBRAS SUJEITAS A LICENCIAMENTO. FUNDAMENTAÇÃO.

SUMÁRIO:

I – Nos termos do art. 1.º do Decreto-Lei n.º 445/91 estão sujeitas a licenciamento, em geral, as obras de construção civil, aí se compreendendo instalações para pintura e comercialização de automóveis levadas a efeito em madeira, chapa, alvenaria e metal, bastando que exista uma ligação mais ou menos permanente ao solo e sem ser preciso que haja fundações.

II – A fundamentação do acto que mandar demolir uma construção clandestina deve integrar as razões da impossibilidade de a mesma ser legalizada, a menos que, em anterior fase procedimental, se tenha explicado ao interessado o motivo que a tal obstava (inserção da obra em zona de auto-estrada), pois o dever de fundamentação dos actos possui uma natureza meramente instrumental e essa solução ficou previamente afastada das legalmente possíveis antes da tomada de decisão final.

(http://www.dgsi.pt/jsta.nsf/35fbbbf22e1bb1e680256f8e003ea931/29aadb0a38d4d3b38025711d00503919?OpenDocument)

# ACÓRDÃO DO STA – SECÇÃO DO CONTENCIOSO ADMINISTRATIVO, DE 25-05-2006 (PROC. 0606/05)

Relator: *Conselheira Maria Angelina Domingues*

ASSUNTO: PLANO DIRECTOR MUNICIPAL. NORMA TRANSITÓRIA. REVISÃO. URBANIZAÇÃO. AUDIÊNCIA DO INTERESSADO. PARTICIPAÇÃO.

Sumário:

I – A regulamentação do art. 8.º do Decreto-Lei n.º 69/90, de 2.3 (posteriormente revogado pelo Decreto-Lei n.º 380/99, de 22 de Setembro) que previa a possibilidade de a Assembleia Municipal, mediante proposta da Câmara Municipal (e com parecer da comissão técnica ou da comissão de coordenação regional, consoante os casos) estabelecer normas provisórias para a ocupação, uso e transformação do solo em toda ou em parte das áreas a abranger por planos municipais em elaboração quando o estado dos trabalhos fosse de modo a possibilitar a sua adequada fundamentação, era também aplicável à revisão dos planos municipais, por força do estatuído no art. 19.º, n.º 4 do mesmo diploma legal.

II – A norma do art. 8.º, n.º 5 do Decreto-Lei n.º 69/99 não infringe o disposto no art. 65.º, n.º 5 da C.R.P., que garante "a participação dos interessados na elaboração dos instrumentos de planeamento físico do território", pois, a omissão da previsão legal de participação dos interessados no processo de elaboração das normas provisórias justifica-se pela natureza urgente das referidas medidas.

III – A norma transitória do art. 157.º, n.º 4 do Decreto-Lei n.º 380/99, de 22.9, nos termos da qual "Aos planos municipais de ordenamento do território em elaboração à data da entrada em vigor do presente diploma aplica-se o disposto no art. 8.º do Decreto-Lei n.º 69/90, de 2 de Março, desde que as normas provisórias estejam estabelecidas até ao dia 31 de Maio de 2000", reporta-se, também, à revisão dos planos municipais.

IV – Para efeitos do disposto no art. 157.º, n.º 4 do R.J.I.G.T. (aprovado pelo Decreto-Lei n.º 380/99, de 22.9) o "estabelecimento" das normas provisórias é determinado pela sua aprovação pela Assembleia Municipal e não pela ratificação governamental posterior.

V – A "antecipação" das soluções urbanísticas constantes do plano em elaboração (ou em revisão) nas normas provisórias não constitui um desvio ilegal do procedimento, antes, como medida cautelar que visa obviar ao perigo de uma decisão tardia, a utilidade prática das normas provisórias será tanto maior quanto mais acentuada for a identidade de conteúdo com as correspondentes disposições do plano.

(http://www.dgsi.pt/jsta.nsf/35fbbbf22e1bb1e680256f8e003ea931/b7d4b1c7f0c00a318025717e004c0f9c?OpenDocument)

ACÓRDÃO DO STA – PLENO DA SECÇÃO DO CONTENCIOSO ADMINISTRATIVO, DE 04-07-2006 (PROC. 02071/03)

Relator: *Conselheiro Costa Reis*

ASSUNTO: ACTO CONTENCIOSAMENTE RECORRÍVEL. RECURSO HIERÁRQUICO NECESSÁRIO. EMBARGO DE OBRA. COMPETÊNCIA PRÓPRIA. COMPETÊNCIA EXCLUSIVA. ACTO LESIVO. ACTO DE EXECUÇÃO. RECURSO CONTENCIOSO. COMISSÃO DE COORDENAÇÃO E DESENVOLVIMENTO REGIONAL.

SUMÁRIO:

I – No sistema constitucional vigente o Governo é o órgão superior da Administração Pública, a quem cabe dirigir os serviços e a administração directa do Estado (artigos 182.º e 199.º alíneas d) e e) da C.R.P.).

II – As CCDR são serviços desconcentrados do Ministério das Cidades, do Ordenamento, do Território e do Ambiente dotados de autonomia administrativa e financeira, a quem cabe executar as políticas de planeamento e desenvolvimento regional e que exercem as suas funções na dependência directa do membro do Governo responsável a quem se subordinam e prestam contas.

III – E, sendo assim, as decisões proferidas pelos seus órgãos dirigentes não serão, por via de regra, verticalmente definitivas e, por isso, imediatamente sindicáveis no plano contencioso.

IV – O Presidente de uma Comissão de Coordenação de Desenvolvimento Regional tem, nos termos do art. 61.º do Decreto-Lei n.º 448/91, de 29/11, competência própria mas não exclusiva para embargar obras de construção e operações de loteamento urbanização executadas com desrespeito das normas legais e regulamentares em vigor.

V – Os actos de execução, porque se destinam a pôr em prática a determinação contida no acto exequendo, não assumem autonomamente a natureza de actos lesivos dos direitos e interesses legalmente protegidos e, porque assim, não são contenciosamente impugnáveis.

VI – Nesta conformidade e existindo acto ministerial a ordenar ao Presidente da CCDR que proceda ao embargo de uma determinada obra será aquela ordem ministerial o acto contenciosamente recorrível e não o acto do Presidente da CCDR que se limita a executá-la.

(http://www.dgsi.pt/jsta.nsf/35fbbbf22e1bb1e680256f8e003ea931/9129767e3851bcfb802571aa0054e9e4?OpenDocument)

ACÓRDÃO DO STA – SECÇÃO DO CONTENCIOSO ADMINISTRATIVO, DE 12-07-2006 (PROC. 0664/04)

Relator: *Conselheira Fernanda Xavier*

ASSUNTO: LICENÇA DE CONSTRUÇÃO. CADUCIDADE. ACTO PRESSUPOSTO. RGEU. PROJECTO DE LICENCIAMENTO. RECURSO JURISDICIONAL.

Sumário:

I – Tendo sido apresentado um requerimento, ao abrigo do n.º 6 do art. 20.º do Decreto-Lei n.º 445/91, de 20.11, onde se solicitava a prorrogação do prazo para a conclusão da obra licenciada e tendo essa prorrogação ficado dependente da regularização do processo de licenciamento, dado que o requerente havia realizado no prédio alterações não licenciadas, a decisão do aditamento ao projecto, apresentado com vista aquela regularização, constitui um acto pressuposto da decisão do pedido de prorrogação e não um acto preparatório dessa decisão.

II – A diferença entre um acto preparatório e um acto pressuposto de uma outra decisão reside, essencialmente, na autonomia funcional e lesividade próprias deste último, que aquele, em regra, não possui, por ser meramente instrumental e, portanto, incapaz de originar ex se a lesão de interesses particulares.

III – O prazo para a conclusão das obras começa a correr da data de emissão do alvará de licença de construção (cf. art. 23.º, n.º 5 do citado Decreto-Lei n.º 445/91), pelo que tendo o pedido de prorrogação desse prazo sido formulado antes de ele esgotado, a licença não caducou.

IV – Não se tendo provado factos que permitam concluir pela alegada violação dos arts. 59.º e 60.º do RGEU e não tendo o recorrente, nos termos do art. 690.º-A do CPC, impugnado a decisão sobre a matéria de facto, nem invocado os concretos meios probatórios constantes do processo que impunham decisão de facto diversa, o recurso jurisdicional, nessa parte, terá de improceder.

V – Como igualmente está votado ao insucesso, na parte em que o recorrente, limitando-se a reafirmar os vícios imputados ao acto contenciosamente impugnado, não ataca a sentença recorrida, não demonstrando o desacerto da pronúncia judicial.

(http://www.dgsi.pt/jsta.nsf/35fbbbf22e1bb1e680256f8e003ea931/eebe2ff7dac4244c802571df00520bb1?OpenDocument)

ACÓRDÃO DO STA – SECÇÃO DO CONTENCIOSO ADMINISTRATIVO, DE 19-10-2006 (PROC. 0652/06)

Relator: *Conselheiro Rui Botelho*

ASSUNTO: PEDIDO DE VIABILIDADE DE CONSTRUIR. PLANO DIRECTOR MUNICIPAL. MEDIDAS PREVENTIVAS. NULIDADE.

Sumário:

I – De acordo com o disposto no art. 68.º, n.º 1 alínea a), do Decreto-Lei n.º 555/99, de 16/12, "São nulas as licenças ou autorizações previstas no presente diploma que violem o disposto no plano director municipal de ordenamento do território, plano especial de ordenamento do território, medidas preventivas ou licenças de autorização de loteamento em vigor".

II – Tal nulidade só ocorrerá, todavia, em relação a qualquer desses instrumentos que esteja em vigor.

III – De acordo com o disposto no art. 7.º, n.ºs 1 e 2, do Decreto-Lei n.º 69/90 de 2.3, que regulava a elaboração e aprovação dos planos municipais de ordenamento do território, as medidas preventivas (ou cautelares) não poderiam perdurar para além de 3 anos, sob pena de caducidade (n.º 3).

(http://www.dgsi.pt/jsta.nsf/35fbbbf22e1bb1e680256f8e003ea931/acaebb4bd9d8e3ab802572130050b31d?OpenDocument)

III. Crónica da Legislação

CRÓNICA DA LEGISLAÇÃO*
(2006)

por *Manuel Freire Barros*

SUMÁRIO

A — DIREITO COMUNITÁRIO

1. **Regulamentos**
   1.1. *Regulamentos do Parlamento Europeu e do Conselho*
   1.2. *Regulamentos do Conselho*
   1.3. *Regulamentos da Comissão*

2. **Directivas**
   2.1. *Directivas do Parlamento Europeu e do Conselho*
   2.2. *Directivas da Comissão*

B — DIREITO NACIONAL

1. **Actos legislativos**
   1.1. *Lei*
   1.2. *Decretos-Leis*
   1.3. *Decretos Legislativos Regionais*

---

* A ***Crónica da Legislação*** *(lato sensu)* consta de todos os números da *Revista* e inclui os seguintes actos:
   A. DIREITO COMUNITÁRIO
      1. Regulamentos
      2. Directivas
   B. DIREITO NACIONAL
      Actos Legislativos

ÍNDICE DE TEMAS
(2006)

A

ACESSO À INFORMAÇÃO
  DOC 0042 137
ACOMPANHAMENTO DAS FLORESTAS
  DOC 0020 131
ÁGUAS BALNEARES
  DOC 0024 132
ALIMENTOS DE ORIGEM ANIMAL
  DOC 0016 130
AMBIENTE
  DOC 0002 127
  DOC 0004 127
  DOC 0042 137
  DOC 0051 139
  DOC 0062 141
AR CONDICIONADO
  DOC 0028 133
AVALIAÇÃO DO RUÍDO AMBIENTE
  DOC 0057 140
AVALIAÇÃO DOS RISCOS AMBIENTAIS
  DOC 0010 129
AVALIAÇÃO E CONTROLO DOS RISCOS AMBIENTAIS
  DOC 0010 129

B

BENOMIL
  DOC 0032 134
BIOGÁS
  DOC 0008 128
  DOC 0009 129

115

C

CARBOFURÃO
DOC 0031 134

Ch

CHORUME
DOC 0008 128

C

CLASSIFICAÇÃO, EMBALAGEM E ROTULAGEM DAS PREPARAÇÕES PERIGOSAS
DOC 0030 133
COLOCAÇÃO DE PRODUTOS BIOCIDAS NO MERCADO
DOC 0034 134
COMBUSTÍVEL
DOC 0054 140
DOC 0055 140
COMPOSTOS ORGÂNICOS VOLÁTEIS (COV)
DOC 0060 141
COMUNIDADE
DOC 0033 134
CONSERVAÇÃO DAS AVES SELVAGENS
DOC 0066 142
CONTROLO DO SEU COMÉRCIO DA FAUNA E FLORA SELVAGENS
DOC 0015 130
CONTROLO DOS RISCOS AMBIENTAIS
DOC 0010 129
CONVENÇÃO DE AARHUS
DOC 0004 127

D

DESEMPENHO AMBIENTAL
DOC 0005 128
DESPERDÍCIOS
DOC 0043 137
DIRECTIVA AVES
DOC 0066 142

DIRECTIVA HABITATS
DOC 0066 142
DIREITO DE ACESSO À INFORMAÇÃO AMBIENTAL
DOC 0042 137

E

EFEITO DE ESTUFA
DOC 0002 127
DOC 0049 139
EMBALAGEM DAS PREPARAÇÕES PERIGOSAS
DOC 0030 133
EMBALAGENS
DOC 0050 139
EMISSÃO DE GASES
DOC 0041 136
DOC 0049 139
EMISSÕES
DOC 0028 133
EMISSÕES DE POLUENTES
DOC 0001 127
EMISSÕES E TRANSFERÊNCIA DE POLUENTES
DOC 0001 127
EMISSÕES POLUENTES GASOSAS
DOC 0048 138
EMISSÕES PROVENIENTES DE SISTEMAS DE AR CONDICIONADO
DOC 0028 133
EMISSÕES SONORAS PARA O AMBIENTE
DOC 0062 141
ENERGIAS RENOVÁVEIS
DOC 0068 143

F

FAUNA E FLORA SELVAGENS
DOC 0012 129
DOC 0015 130
FAUNA SELVAGEM
DOC 0012 129
DOC 0015 130

FLORA SELVAGEM
    DOC 0012 129
    DOC 0015 130
FLORESTA
    DOC 0053 140
FONTES RENOVÁVEIS DE ENERGIA
    DOC 0068 143

G

GÁS DE PETRÓLEO LIQUEFEITO (GPL)
    DOC 0054 140
GÁS NATURAL
    DOC 0045 137
    DOC 0056 140
GÁS NATURAL COMPRIMIDO (GNC)
    DOC 0055 140
GÁS NATURAL LIQUEFEITO
    DOC 0056 140
GASES FLUORADOS
    DOC 0002 127
GASES FLUORADOS COM EFEITO DE ESTUFA
    DOC 0002 127
GÉNEROS ALIMENTÍCIOS
    DOC 0011 129
    DOC 0014 130
GESTÃO AMBIENTAL
    DOC 0069 143
GESTÃO DE RESÍDUOS
    DOC 0058 140
GESTÃO DO RUÍDO AMBIENTE
    DOC 0057 140
GESTÃO DOS RESÍDUOS DA INDÚSTRIA EXTRACTIVA
    DOC 0026 133

I

INCÊNDIOS
    DOC 0053 140
INTERACÇÕES AMBIENTAIS
    DOC 0020 131

ISENÇÃO DOS MOTORES A GÁS
    DOC 0035 134

L

LAMAS DE DEPURAÇÃO
    DOC 0051 139
LICENÇA DE EMISSÃO DE GASES COM EFEITO ESTUFA
    DOC 0049 139
LIMITAÇÃO DA COLOCAÇÃO NO MERCADO
    DOC 0023 132
    DOC 0029 133
LIMITES MÁXIMOS
    DOC 0007 128
    DOC 0016 130
    DOC 0017 130
    DOC 0018 131
    DOC 0019 131
    DOC 0021 131
    DOC 0022 132
    DOC 0038 135
    DOC 0052 139
LIMITES MÁXIMOS DE RESÍDUOS
    DOC 0016 130
    DOC 0017 130
    DOC 0018 131
    DOC 0019 131
    DOC 0021 131
    DOC 0022 132
    DOC 0032 134
    DOC 0038 135
    DOC 0064 142
LIMITES MÁXIMOS DE RESÍDUOS DE CARBOFURÃO
    DOC 0031 134

M

MÁQUINAS MÓVEIS NÃO RODOVIÁRIAS
    DOC 0048 138
MEDICAMENTOS VETERINÁRIOS
    DOC 0016 130
    DOC 0017 130

DOC 0018 131
DOC 0019 131
DOC 0021 131
DOC 0022 132
MEIO AQUÁTICO
DOC 0025 132
MERCADO
DOC 0065 142
MERCADO DE GÁS NATURAL
DOC 0045 137
MERCADO INTERNO DE GÁS NATURAL
DOC 0045 137
MERCADORIAS PERIGOSAS
DOC 0036 135
DOC 0037 135
MERCADOS DE PETRÓLEO BRUTO
DOC 0046 138
MERCADOS DE PRODUTOS DE PETRÓLEO
DOC 0046 138
MODO DE PRODUÇÃO BIOLÓGICO
DOC 0011 129
DOC 0014 130
MOTORES
DOC 0041 136
MOTORES A GÁS
DOC 0035 134
MOTORES DE COMBUSTÃO INTERNA DE IGNIÇÃO COMANDADA
DOC 0048 138
MOVIMENTO TRANSFRONTEIRIÇO
DOC 0047 138

N

NATUREZA VIVA
DOC 0069 143

O

ORGANISMOS GENETICAMENTE MODIFICADOS (OGM)
DOC 0047 138

P

PARTÍCULAS POLUENTES
    DOC 0041 136
PLANO SECTORIAL DA REDE NATURAL 2000
    DOC 0067 142
POLUENTES
    DOC 0001 127
POLUENTES ORGÂNICOS PERSISTENTES
    DOC 0006 128
POLUIÇÃO
    DOC 0025 132
    DOC 0048 138
POLUIÇÃO DO MEIO AQUÁTICO
    DOC 0025 132
POLUIÇÃO SONORA
    DOC 0062 141
PRAZO DE VALIDADE
    DOC 0009 129
PREPARAÇÕES PERIGOSAS
    DOC 0029 133
    DOC 0030 133
PRESERVAÇÃO DA FAUNA SELVAGEM
    DOC 0066 142
PRESERVAÇÃO DA FLORA SELVAGEM
    DOC 0066 142
PRESERVAÇÃO DOS HABITATS NATURAIS
    DOC 0066 142
PRODUÇÃO DE ENERGIA
    DOC 0068 143
PRODUTOS AGRÍCOLAS
    DOC 0011 129
    DOC 0014 130
PRODUTOS AGRÍCOLAS DE ORIGEM VEGETAL
    DOC 0052 139
    DOC 0064 142
PRODUTOS BIOCIDAS
    DOC 0034 134
PRODUTOS FITOFARMACÊUTICOS
    DOC 0052 139
    DOC 0061 141
    DOC 0064 142
    DOC 0065 142

PRODUTOS QUÍMICOS PERIGOSOS
DOC 0013 130
PROENERGIA
DOC 0068 143
PROGRAMA POLIS
DOC 0063 141
PROTECÇÃO DE ESPÉCIES
DOC 0015 130
PROTECÇÃO DO AMBIENTE
DOC 0051 139
PROTECÇÃO DO SOLO AGRÍCOLA
DOC 0051 139

Q

QUALIDADE DAS ÁGUAS BALNEARES
DOC 0024 132

R

REBOQUES
DOC 0039 135
REDE NATURA 2000
DOC 0067 142
REGIÃO AUTÓNOMA DOS AÇORES
DOC 0067 142
REGIME DE LIMITAÇÃO DAS EMISSÕES DE COMPOSTOS ORGÂNICOS
DOC 0060 141
REPRODUÇÃO
DOC 0023 132
REQUALIFICAÇÃO AMBIENTAL
DOC 0069 143
REQUISITOS APLICÁVEIS AO CHORUME
DOC 0008 128
RESERVA ECOLÓGICA NACIONAL
DOC 0059 141
RESÍDUOS
DOC 0003 127
DOC 0007 128
DOC 0016 130
DOC 0026 133

DOC 0027 133
DOC 0031 134
DOC 0032 134
DOC 0043 137
DOC 0050 139
DOC 0052 139
DOC 0058 140
RESÍDUOS DA INDÚSTRIA EXTRACTIVA
DOC 0026 133
RESÍDUOS DE CARBOFURÃO
DOC 0031 134
RESÍDUOS DE EMBALAGENS
DOC 0050 139
DOC 0061 141
RESÍDUOS DE EXCEDENTES
DOC 0061 141
RESÍDUOS DE MEDICAMENTOS VETERINÁRIOS
DOC 0016 130
RESÍDUOS DE PESTICIDAS
DOC 0007 128
RESÍDUOS DE SUBSTÂNCIAS ACTIVAS
DOC 0052 139
RISCOS AMBIENTAIS
DOC 0010 129
RISCOS FITOSSANITÁRIOS ESPECIFÍCOS
DOC 0033 134
ROTULAGEM DAS PREPARAÇÕES PERIGOSAS
DOC 0030 133
ROTULAGEM DOS PRODUTOS COSMÉTICOS
DOC 0041 136
RUÍDO AMBIENTE
DOC 0057 140

S

SISTEMA DE MONITORIZAÇÃO DO CONTROLO DAS EMISSÕES
DOC 0035 134
SISTEMA DE TRANSPORTE DE MERCADORIAS
DOC 0005 128
SISTEMA NACIONAL DE DEFESA DA FLORESTA CONTRA
INCÊNDIOS
DOC 0053 140

SISTEMA NACIONAL DE GÁS NATURAL (SNGN)
  DOC 0045 137
  DOC 0056 140
SISTEMA PETROLÍFERO NACIONAL (SPN)
  DOC 0046 138
SISTEMAS DE AQUECIMENTO
  DOC 0039 135
SOCIEDADE DE PLANEAMENTO, GESTÃO E REQUALIFICAÇÃO AMBIENTAL
  DOC 0069 143
SOLO AGRÍCOLA
  DOC 0051 139
SOLVENTES ORGÂNICOS
  DOC 0060 141
SUBSTÂNCIAS
  DOC 0038 135
SUBSTÂNCIAS ACTIVAS
  DOC 0064 142
SUBSTÂNCIAS CANCERÍGENAS
  DOC 0023 132
SUBSTÂNCIAS E PREPARAÇÕES PERIGOSAS
  DOC 0023 132
SUBSTÂNCIAS MUTAGÉNICAS
  DOC 0023 132
SUBSTÂNCIAS PERIGOSAS
  DOC 0025 132
  DOC 0029 133
  DOC 0044 137
SUBSTÂNCIAS QUÍMICAS
  DOC 0044 137
SUBSTÂNCIAS TÓXICAS PARA A REPRODUÇÃO
  DOC 0023 132
SUCATAS RECICLÁVEIS
  DOC 0043 137

T

TRANSFERÊNCIAS DE POLUENTES
  DOC 0001 127
TRANSFERÊNCIAS DE RESÍDUOS
  DOC 0003 127

TRANSPORTE RODOVIÁRIO DE MERCADORIAS PERIGOSAS
  DOC 0036 135
  DOC 0037 135
TRANSPOSIÇÃO DE DIRECTIVA
  DOC 0045 137
  DOC 0048 138

U

UNIDADES DE BIOGÁS
  DOC 0008 128
  DOC 0009 129
UNIDADES DE BIOGÁS E DE COMPOSTAGEM
  DOC 0008 128
  DOC 0009 129
UNIDADES DE COMPOSTAGEM
  DOC 0008 128
  DOC 0009 129
UTILIZAÇÃO AGRÍCOLA
  DOC 0051 139

V

VEÍCULOS
  DOC 0035 134
  DOC 0041 136
  DOC 0060 141
VEÍCULOS A MOTOR
  DOC 0028 133
  DOC 0039 135
  DOC 0040 135
VISEU
  DOC 0063 141

Z

ZONAS PROTEGIDAS
  DOC 0033 134

A – DIREITO COMUNITÁRIO

1. Regulamentos

1.1. *Regulamentos do Parlamento Europeu e do Conselho*

Regulamento (CE) 166/2006 do Parlamento Europeu e do Conselho, de 18 de Janeiro de 2006, publicado no JOCE L 33, de 2006.02.04: **0001**
Relativo à criação do Registo Europeu das Emissões e Transferências de Poluentes e que altera as Directivas 91/689/CEE e 96/61/CE do Conselho.
EMISSÕES E TRANSFERÊNCIA DE POLUENTES/EMISSÕES DE POLUENTES/POLUENTES/TRANSFERÊNCIAS DE POLUENTES

Regulamento (CE) 842/2006 do Parlamento Europeu e do Conselho, de 17 de Maio de 2006, publicado no JOCE L 161, de 2006.06.14: **0002**
Relativo a determinados gases fluorados com efeito de estufa.
AMBIENTE/EFEITO DE ESTUFA/GASES FLUORADOS/GASES FLUORADOS COM EFEITO DE ESTUFA

Regulamento (CE) 1013/2006 do Parlamento Europeu e do Conselho, de 14 de Junho de 2006, publicado no JOCE L 190, de 2006.07.12: **0003**
Relativo a transferências de resíduos.
RESÍDUOS/TRANSFERÊNCIAS DE RESÍDUOS

Regulamento (CE) 1367/2006 do Parlamento Europeu e do Conselho, de 6 de Setembro de 2006, publicado no JOCE L 264, de 2006.09.25: **0004**
Relativo à aplicação das disposições da Convenção de Aarhus

sobre o acesso à informação, participação do público no processo de tomada de decisão e acesso à justiça em matéria de ambiente às instituições e órgãos comunitários.
AMBIENTE/CONVENÇÃO DE AARHUS

Regulamento (CE) 1692/2006 do Parlamento Europeu e do Conselho, de 24 de Outubro de 2006, publicado no JOCE L 328, de 2006.11.24: **0005**
Institui o segundo programa Marco Polo relativo à concessão de apoio financeiro comunitário para melhorar o desempenho ambiental do sistema de transporte de mercadorias (Marco Polo II) e que revoga o Regulamento (CE) n.º 1382/2003.
DESEMPENHO AMBIENTAL/SISTEMA DE TRANSPORTE DE MERCADORIAS

1.2. *Regulamentos do Conselho*

Regulamento (CE) 1195/2006 do Conselho, de 18 de Julho de 2006, publicado no JOCE L 217, de 2006.08.08: **0006**
Altera o Anexo IV do Regulamento (CE) n.º 850/2004 do Parlamento Europeu e do Conselho relativo a poluentes orgânicos persistentes.
POLUENTES ORGÂNICOS PERSISTENTES

1.3. *Regulamentos da Comissão*

Regulamento (CE) 178/2006 da Comissão, de 01 de Fevereiro de 2006, publicado no JOCE L 29, de 2006.02.02: **0007**
Altera o Regulamento (CE) n.º 396/2005 do Parlamento Europeu e do Conselho a fim de estabelecer o seu anexo I, que enumera os géneros alimentícios e os alimentos para animais aos quais se aplicam limites máximos de resíduos de pesticidas.
LIMITES MÁXIMOS/RESÍDUOS/RESÍDUOS DE PESTICIDAS

Regulamento (CE) 208/2006 da Comissão, de 07 de Fevereiro de 2006, publicado no JOCE L 36, de 2006.02.08: **0008**
Altera os anexos VI e VIII do Regulamento (CE) n.º 1774/2002 do Parlamento Europeu e do Conselho no que se refere aos requisitos

aplicáveis à transformação nas unidades de biogás e de compostagem bem como aos requisitos aplicáveis ao chorume.

BIOGÁS/CHORUME/REQUISITOS APLICÁVEIS AO CHORUME/UNIDADES DE BIOGÁS/UNIDADES DE BIOGÁS E DE COMPOSTAGEM/UNIDADES DE COMPOSTAGEM

Regulamento (CE) 209/2006 da Comissão, de 07 de Fevereiro de 2006, publicado no JOCE L 36, de 2006.02.08: **0009**

Altera os Regulamentos (CE) n.º 809/2003 e (CE) n.º 810/2003 no que se refere à prorrogação do prazo de validade das medidas de transição respeitantes às unidades de compostagem e de biogás, nos termos do Regulamento (CE) n.º 1774/2002 do Parlamento Europeu e do Conselho.

BIOGÁS/PRAZO DE VALIDADE/UNIDADES DE BIOGÁS/UNIDADES DE BIOGÁS E DE COMPOSTAGEM/UNIDADES DE COMPOSTAGEM

Regulamento (CE) 565/2005 da Comissão, de 06 de Abril de 2006, publicado no JOCE L 99, de 2006.04.07: **0010**

Impõe obrigações de ensaio e de informação aos importadores ou fabricantes de determinadas substâncias prioritárias em conformidade com o Regulamento (CEE) n.º 793/93 do Conselho relativo à avaliação e controlo dos riscos ambientais associados às substâncias existentes.

AVALIAÇÃO DOS RISCOS AMBIENTAIS/AVALIAÇÃO E CONTROLO DOS RISCOS AMBIENTAIS/CONTROLO DOS RISCOS AMBIENTAIS/RISCOS AMBIENTAIS

Regulamento (CE) 592/2006 da Comissão, de 12 de Abril de 2006, publicado no JOCE L 104, de 2006.04.13: **0011**

Altera o anexo II do Regulamento (CEE) n.º 2092/91 do Conselho relativo ao modo de produção biológico de produtos agrícolas e à sua indicação nos produtos agrícolas e nos géneros alimentícios.

GÉNEROS ALIMENTÍCIOS/MODO DE PRODUÇÃO BIOLÓGICO/PRODUTOS AGRÍCOLAS

Regulamento (CE) 605/2006 da Comissão, de 19 de Abril de 2006, publicado no JOCE L 107, de 2006.04.20: **0012**

Altera o Regulamento (CE) n.º 349/2003, que estabelece restrições à introdução na Comunidade de espécimes de determinadas espécies da fauna e flora selvagens.

FAUNA E FLORA SELVAGENS/FAUNA SELVAGEM/FLORA SELVAGEM

Regulamento (CE) 777/2006 da Comissão, de 23 de Maio de 2006, publicado no JOCE L 136, de 2006.05.24: **0013**

Altera o anexo I do Regulamento (CE) n.° 304/2003 do Parlamento Europeu e do Conselho relativo à exportação e importação de produtos químicos perigosos.

PRODUTOS QUÍMICOS PERIGOSOS

Regulamento (CE) 780/2006 da Comissão, de 24 de Maio de 2006, publicado no JOCE L 137, de 2006.05.25: **0014**

Altera o anexo VI do Regulamento (CEE) n.° 2092/91 do Conselho relativo ao modo de produção biológico de produtos agrícolas e à sua indicação nos produtos agrícolas e nos géneros alimentícios.

GÉNEROS ALIMENTÍCIOS/MODO DE PRODUÇÃO BIOLÓGICO/PRODUTOS AGRÍCOLAS

Regulamento (CE) 865/2006 da Comissão, de 04 de Maio de 2006, publicado no JOCE L 166, de 2006.06.19: **0015**

Estabelece normas de execução do Regulamento (CE) n.° 338/97 do Conselho relativo à protecção de espécies da fauna e da flora selvagens através do controlo do seu comércio.

CONTROLO DO SEU COMÉRCIO DA FAUNA E FLORA SELVAGENS/FAUNA E FLORA SELVAGENS/FAUNA SELVAGEM/FLORA SELVAGEM/PROTECÇÃO DE ESPÉCIES

Regulamento (CE) 1055/2006 da Comissão, de 12 de Julho de 2006, publicado no JOCE L 192, de 2006.07.13: **0016**

Altera os anexos I e III do Regulamento (CEE) n.° 2377/90 do Conselho que prevê um processo comunitário para o estabelecimento de limites máximos de resíduos de medicamentos veterinários nos alimentos de origem animal, no que diz respeito ao flubendazol e à lasalocida.

ALIMENTOS DE ORIGEM ANIMAL/LIMITES MÁXIMOS/LIMITES MÁXIMOS DE RESÍDUOS/MEDICAMENTOS VETERINÁRIOS/RESÍDUOS/RESÍDUOS DE MEDICAMENTOS VETERINÁRIOS

Regulamento (CE) 1231/2006 da Comissão, de 16 de Agosto de 2006, publicado no JOCE L 225, de 2006.08.17: **0017**

Altera os anexos I e II do Regulamento (CEE) n.° 2377/90 do Conselho que prevê um processo comunitário para o estabelecimento de limites máximos de resíduos de medicamentos veterinários nos ali-

mentos de origem animal, no que diz respeito ao ceftiofur e ao monooleato e trioleato de polioxietileno sorbitano.
LIMITES MÁXIMOS/LIMITES MÁXIMOS DE RESÍDUOS/MEDICAMENTOS VETERINÁRIOS

Regulamento (CE) 1451/2006 da Comissão, de 29 de Setembro de 2006, publicado no JOCE L 271, de 2006.09.30: **0018**
Altera os anexos I e II do Regulamento (CEE) n.º 2377/90 do Conselho que prevê um processo comunitário para o estabelecimento de limites máximos de resíduos de medicamentos veterinários nos alimentos de origem animal, no que diz respeito ao fluazurom, ao nitrito de sódio e à peforrelina.
LIMITES MÁXIMOS/LIMITES MÁXIMOS DE RESÍDUOS/MEDICAMENTOS VETERINÁRIOS

Regulamento (CE) 1729/2006 da Comissão, de 23 de Novembro de 2006, publicado no JOCE L 325, de 2006.11.24: **0019**
Altera os anexos I e III do Regulamento (CEE) n.º 2377/90 do Conselho que prevê um processo comunitário para o estabelecimento de limites máximos de resíduos de medicamentos veterinários nos alimentos de origem animal, no que diz respeito ao firocoxib e ao triclabendazol.
LIMITES MÁXIMOS/LIMITES MÁXIMOS DE RESÍDUOS/MEDICAMENTOS VETERINÁRIOS

Regulamento (CE) 1737/2006 da Comissão, de 7 de Novembro de 2006, publicado no JOCE L 334, de 2006.11.30: **0020**
Estabelece as regras de execução do Regulamento (CE) n.º 2152/2003 do Parlamento Europeu e do Conselho relativo ao acompanhamento das florestas e das interacções ambientais na Comunidade.
ACOMPANHAMENTO DAS FLORESTAS/INTERACÇÕES AMBIENTAIS

Regulamento (CE) 1805/2006 da Comissão, de 7 de Dezembro de 2006, publicado no JOCE L 343, de 2006.12.08: **0021**
Altera o anexo I do Regulamento (CEE) n.º 2377/90 do Conselho que prevê um processo comunitário para o estabelecimento de limites máximos de resíduos de medicamentos veterinários nos alimentos de origem animal, no que se refere ao tianfenicol, ao fenvalerato e ao meloxicam.
LIMITES MÁXIMOS/LIMITES MÁXIMOS DE RESÍDUOS/MEDICAMENTOS VETERINÁRIOS

Regulamento (CE) 1831/2006 da Comissão, de 13 de Dezembro de 2006, publicado no JOCE L 354, de 2006.12.14: **0022**

Altera o anexo I do Regulamento (CEE) n.º 2377/90 do Conselho que prevê um processo comunitário para o estabelecimento de limites máximos de resíduos de medicamentos veterinários nos alimentos de origem animal, no que se refere à doramectina.

LIMITES MÁXIMOS/LIMITES MÁXIMOS DE RESÍDUOS/MEDICAMENTOS VETERINÁRIOS

2. Directivas

2.1. Directivas do Parlamento Europeu e do Conselho

Directiva 2005/90/CE do Parlamento Europeu e do Conselho, de 18 de Janeiro de 2006, publicada no JOCE L 33, de 2006.02.04: **0023**

Altera, pela vigésima nona vez, a Directiva 76/769/CEE do Conselho relativa à aproximação das disposições legislativas, regulamentares e administrativas dos Estados-Membros respeitantes à limitação da colocação no mercado e da utilização de algumas substâncias e preparações perigosas (substâncias classificadas como cancerígenas, mutagénicas ou tóxicas para a reprodução).

LIMITAÇÃO DA COLOCAÇÃO NO MERCADO/REPRODUÇÃO/SUBSTÂNCIAS CANCERÍGENAS/SUBSTÂNCIAS E PREPARAÇÕES PERIGOSAS/SUBSTÂNCIAS MUTAGÉNICAS/SUBSTÂNCIAS TÓXICAS PARA A REPRODUÇÃO

Directiva 2006/7/CE do Parlamento Europeu e do Conselho, de 15 de Fevereiro de 2006, publicada no JOCE L 64, de 2006.03.04: **0024**

Relativa à gestão da qualidade das águas balneares e que revoga a Directiva 76/160/CEE.

ÁGUAS BALNEARES/QUALIDADE DAS ÁGUAS BALNEARES

Directiva 2006/11/CE do Parlamento Europeu e do Conselho, de 15 de Fevereiro de 2006, publicada no JOCE L 64, de 2006.03.04: **0025**

Relativa à poluição causada por determinadas substâncias perigosas lançadas no meio aquático da Comunidade (versão codificada).

MEIO AQUÁTICO/POLUIÇÃO/POLUIÇÃO DO MEIO AQUÁTICO/SUBSTÂNCIAS PERIGOSAS

Directiva 2006/21/CE do Parlamento Europeu e do Conselho, de 15 de Março de 2006, publicada no JOCE L 102, de 2006.04.11: **0026**
Relativa à gestão dos resíduos de indústrias extractivas e que altera a Directiva 2004/35/CE.
GESTÃO DOS RESÍDUOS DA INDÚSTRIA EXTRACTIVA/RESÍDUOS/RESÍDUOS DA INDÚSTRIA EXTRACTIVA

Directiva 2006/12/CE do Parlamento Europeu e do Conselho, de 05 de Abril de 2006, publicada no JOCE L 114, de 2006.04.27: **0027**
Relativa aos resíduos.
RESÍDUOS

Directiva 2006/40/CE do Parlamento Europeu e do Conselho, de 17 de Maio de 2006, publicada no JOCE L 161, de 2006.06.14: **0028**
Relativa às emissões provenientes de sistemas de ar condicionado instalados em veículos a motor e que altera a Directiva 70/156/CEE do Conselho.
AR CONDICIONADO/EMISSÕES/EMISSÕES PROVENIENTES DE SISTEMAS DE AR CONDICIONADO/VEÍCULOS A MOTOR

Directiva 2006/122/CE do Parlamento Europeu e do Conselho, de 12 de Dezembro de 2006, publicada no JOCE L 372, de 2006.12.27: **0029**
Altera pela trigésima vez a Directiva 76/769/CEE do Conselho relativa à aproximação das disposições legislativas, regulamentares e administrativas dos Estados-Membros respeitantes à limitação da colocação no mercado e da utilização de algumas substâncias e preparações perigosas (perfluorooctanossulfonatos).
LIMITAÇÃO DA COLOCAÇÃO NO MERCADO/PREPARAÇÕES PERIGOSAS/SUBSTÂNCIAS PERIGOSAS

2.2. *Directivas da Comissão*

Directiva 2006/8/CE da Comissão, de 23 de Janeiro de 2006, publicada no JOCE L 19, de 2006.01.24: **0030**
Altera, para efeitos de adaptação ao progresso técnico, os anexos II, III e V da Directiva 1999/45/CE do Parlamento Europeu e do Conselho relativa à aproximação das disposições legislativas, regulamen-

tares e administrativas dos Estados-Membros respeitantes à classificação, embalagem e rotulagem das preparações perigosas.
CLASSIFICAÇÃO, EMBALAGEM E ROTULAGEM DAS PREPARAÇÕES PERIGOSAS/ /EMBALAGEM DAS PREPARAÇÕES PERIGOSAS/PREPARAÇÕES PERIGOSAS/ROTULAGEM DAS PREPARAÇÕES PERIGOSAS

Directiva 2006/4/CE da Comissão, de 26 de Janeiro de 2006, publicada no JOCE L 23, de 2006.01.27: **0031**
Altera os anexos das Directivas 86/362/CEE e 90/642/CEE do Conselho, no que diz respeito aos limites máximos de resíduos de carbofurão.
CARBOFURÃO/LIMITES MÁXIMOS DE RESÍDUOS DE CARBOFURÃO/RESÍDUOS/ /RESÍDUOS DE CARBOFURÃO

Directiva 2006/30/CE da Comissão, de 13 de Março de 2006, publicada no JOCE L 75, de 2006.03.14: **0032**
Altera os anexos das Directivas 86/362/CEE, 86/363/CEE e 90/642/CEE do Conselho, no que diz respeito aos limites máximos de resíduos referentes ao grupo benomil.
BENOMIL/LIMITES MÁXIMOS DE RESÍDUOS/RESÍDUOS

Directiva 2006/36/CE da Comissão, de 24 de Março de 2006, publicada no JOCE L 88, de 2006.03.25: **0033**
Altera a Directiva 2001/32/CE que reconhece zonas protegidas na Comunidade expostas a riscos fitossanitários específicos e que revoga a Directiva 92/76/CEE.
COMUNIDADE/RISCOS FITOSSANITÁRIOS ESPECIFÍCOS/ZONAS PROTEGIDAS

Directiva 2006/50/CE da Comissão, de 29 de Maio de 2006, publicada no JOCE L 142, de 2006.05.30: **0034**
Altera os anexos IV A e IV B da Directiva 98/8/CE do Parlamento Europeu e do Conselho relativa à colocação de produtos biocidas no mercado.
COLOCAÇÃO DE PRODUTOS BIOCIDAS NO MERCADO/PRODUTOS BIOCIDAS

Directiva 2006/51/CE da Comissão, de 06 de Junho de 2006, publicada no JOCE L 152, de 2006.06.07: **0035**
Altera, para efeitos de adaptação ao progresso técnico, o anexo I da Directiva 2005/55/CE do Parlamento Europeu e do Conselho e os

anexos IV e V da Directiva 2005/78/CE no que respeita ao sistema de monitorização do controlo das emissões a utilizar em veículos e a isenções para os motores a gás.
ISENÇÃO DOS MOTORES A GÁS/MOTORES A GÁS/SISTEMA DE MONITORIZAÇÃO DO CONTROLO DAS EMISSÕES/VEÍCULOS

Directiva 2006/89/CE da Comissão, de 3 de Novembro de 2006, publicada no JOCE L 305, de 2006.11.04: **0036**

Adapta, pela sexta vez, ao progresso técnico a Directiva 94/55/CE do Conselho relativa à aproximação das legislações dos Estados-Membros respeitantes ao transporte rodoviário de mercadorias perigosas.
MERCADORIAS PERIGOSAS/TRANSPORTE RODOVIÁRIO DE MERCADORIAS PERIGOSAS

Directiva 2006/90/CE da Comissão, de 3 de Novembro de 2006, publicada no JOCE L 305, de 2006.11.04: **0037**

Adapta, pela sétima vez, ao progresso técnico a Directiva 96/49/CE do Conselho relativa à aproximação das legislações dos Estados-Membros respeitantes ao transporte ferroviário de mercadorias perigosas.
MERCADORIAS PERIGOSAS/TRANSPORTE RODOVIÁRIO DE MERCADORIAS PERIGOSAS

Directiva 2006/92/CE da Comissão, de 9 de Novembro de 2006, publicada no JOCE L 311, de 2006.11.10: **0038**

Altera os anexos das Directivas 76/895/CEE, 86/362/CEE e 90/642/CEE do Conselho, no que diz respeito aos limites máximos de resíduos das substâncias captana, diclorvos, etião e folpete.
LIMITES MÁXIMOS/LIMITES MÁXIMOS DE RESÍDUOS/SUBSTÂNCIAS

Directiva 2006/119/CE da Comissão, de 27 Novembro de 2006, publicada no JOCE L 330, de 2006.11.28: **0039**

Altera, para efeitos de adaptação ao progresso técnico, a Directiva 2001/56/CE do Parlamento Europeu e do Conselho relativa aos sistemas de aquecimento dos veículos a motor e seus reboques.
REBOQUES/SISTEMAS DE AQUECIMENTO/VEÍCULOS A MOTOR

Directiva 2006/120/CE da Comissão, de 27 Novembro de 2006, publicada no JOCE L 330, de 2006.11.28: **0040**

Rectifica e altera a Directiva 2005/30/CE, que altera, adaptando-as ao progresso técnico, as Directivas 97/24/CE e 2002/24/CE do Par-

lamento Europeu e do Conselho relativas à homologação dos veículos a motor de duas ou três rodas.
VEÍCULOS A MOTOR

Directiva 2006/81/CE da Comissão, de 23 de Outubro de 2006, publicada no JOCE L 362, de 2006.12.20: **0041**
Adapta a Directiva 95/17/CE no que diz respeito à não inscrição de um ou de vários ingredientes na lista prevista para a rotulagem dos produtos cosméticos e a Directiva 2005/78/CE no que diz respeito às medidas a tomar contra a emissão de gases e partículas poluentes provenientes dos motores utilizados em veículos, em virtude da adesão da Bulgária e da Roménia.
EMISSÃO DE GASES/MOTORES/PARTÍCULAS POLUENTES/ROTULAGEM DOS PRODUTOS COSMÉTICOS/VEÍCULOS

B – DIREITO NACIONAL

1. **Actos Legislativos**

   1.1. *Lei*

Lei n.º 19/2006, de 12 de Junho: **0042**
Regula o acesso à informação sobre ambiente, transpondo para a ordem jurídica interna a Directiva n.º 2003/4/CE, do Parlamento Europeu e do Conselho, de 28 de Janeiro.
ACESSO À INFORMAÇÃO/AMBIENTE/DIREITO DE ACESSO À INFORMAÇÃO AMBIENTAL

Lei n.º 33/2006, de 28 de Julho: **0043**
Altera o Código do IVA, aprovado pelo Decreto-Lei n.º 394-B//84, de 26 de Dezembro, estabelecendo regras especiais em matéria de tributação de desperdícios, resíduos e sucatas recicláveis e de certas prestações de serviços relacionadas.
DESPERDÍCIOS/RESÍDUOS/SUCATAS RECICLÁVEIS

   1.2. *Decretos-Leis*

Decreto-Lei n.º 27-A/2006, de 10 de Fevereiro (1.º Suplemento): **0044**
Altera o Regulamento para a Notificação de Substâncias Químicas e para a Classificação, Embalagem e Rotulagem de Substâncias Perigosas, transpondo para a ordem jurídica nacional a Directiva n.º 2004/73/CE, da Comissão, de 29 de Abril.
SUBSTÂNCIAS PERIGOSAS/SUBSTÂNCIAS QUÍMICAS

Decreto-Lei n.º 30/2006, de 15 de Fevereiro: **0045**
Estabelece os princípios gerais relativos à organização e ao funcionamento do Sistema Nacional de Gás Natural (SNGN), bem como

ao exercício das actividades de recepção, armazenamento, transporte, distribuição e comercialização de gás natural, e à organização dos mercados de gás natural, transpondo, parcialmente, para a ordem jurídica nacional a Directiva n.º 2003/55/CE, do Parlamento Europeu e do Conselho, de 26 de Junho, que estabelece regras comuns para o mercado interno de gás natural e que revoga a Directiva n.º 98/30/CE, do Parlamento Europeu e do Conselho, de 22 de Junho.

GÁS NATURAL/MERCADO DE GÁS NATURAL/MERCADO INTERNO DE GÁS NATURAL/SISTEMA NACIONAL DE GÁS NATURAL (SNGN)/TRANSPOSIÇÃO DE DIRECTIVA

Decreto-Lei n.º 31/2006, de 15 de Fevereiro: 0046

Estabelece os princípios gerais relativos à organização e funcionamento do Sistema Petrolífero Nacional (SPN), bem como ao exercício das actividades de armazenamento, transporte, distribuição, refinação e comercialização e à organização dos mercados de petróleo bruto e de produtos de petróleo.

MERCADOS DE PETRÓLEO BRUTO/MERCADOS DE PRODUTOS DE PETRÓLEO/SISTEMA PETROLÍFERO NACIONAL (SPN)

Decreto-Lei n.º 36/2006, de 20 de Fevereiro: 0047

Assegura a execução e garante o cumprimento, na ordem jurídica nacional, das obrigações decorrentes para o Estado Português do Regulamento (CE) n.º 1946/2003, do Parlamento Europeu e do Conselho, de 15 de Julho, relativo ao movimento transfronteiriço de organismos geneticamente modificados (OGM).

MOVIMENTO TRANSFRONTEIRIÇO/ORGANISMOS GENETICAMENTE MODIFICADOS (OGM)

Decreto-Lei n.º 47/2006, de 27 de Fevereiro: 0048

Define as condições de colocação no mercado de certos motores de combustão interna de ignição comandada destinados a equipar máquinas móveis não rodoviárias tendo em conta os valores limite estabelecidos para as emissões poluentes gasosas, transpondo para a ordem jurídica interna a Directiva n.º 2002/88/CE, do Parlamento Europeu e do Conselho, de 9 de Dezembro.

EMISSÕES POLUENTES GASOSAS/MÁQUINAS MÓVEIS NÃO RODOVIÁRIAS/MOTORES DE COMBUSTÃO INTERNA DE IGNIÇÃO COMANDADA/POLUIÇÃO/TRANSPOSIÇÃO DE DIRECTIVA

Decreto-Lei n.º 72/2006, de 24 de Março: **0049**
Terceira alteração ao regime do comércio de licenças de emissão de gases com efeito de estufa, aprovado pelo Decreto-Lei n.º 233/2004, de 14 de Dezembro, transpondo para a ordem jurídica nacional a Directiva n.º 2004/101/CE, do Parlamento Europeu e do Conselho, de 27 de Outubro.
EFEITO DE ESTUFA/EMISSÃO DE GASES/LICENÇA DE EMISSÃO DE GASES COM EFEITO ESTUFA

Decreto-Lei n.º 92/2006, de 25 de Maio: **0050**
Segunda alteração ao Decreto-Lei n.º 366-A/97, de 20 de Dezembro, transpondo para a ordem jurídica nacional a Directiva n.º 2004/12/CE, do Parlamento Europeu e do Conselho, de 11 de Fevereiro, relativa a embalagens e resíduos de embalagens.
EMBALAGENS/RESÍDUOS/RESÍDUOS DE EMBALAGENS

Decreto-Lei n.º 118/2006, de 21 de Junho: **0051**
Aprova o regime jurídico a que fica sujeita a utilização agrícola das lamas de depuração, transpondo para a ordem jurídica nacional a Directiva n.º 86/278/CE, do Conselho, de 12 de Junho, relativa à protecção do ambiente e em especial dos solos, na utilização agrícola de lamas de depuração, revogando o Decreto-Lei n.º 446/91, de 22 de Novembro.
AMBIENTE/LAMAS DE DEPURAÇÃO/PROTECÇÃO DO AMBIENTE/PROTECÇÃO DO SOLO AGRÍCOLA/SOLO AGRÍCOLA/UTILIZAÇÃO AGRÍCOLA

Decreto-Lei n.º 123/2006, de 28 de Junho: **0052**
Estabelece novos limites máximos de resíduos de substâncias activas de produtos fitofarmacêuticos permitidos nos produtos agrícolas de origem vegetal, transpondo para a ordem jurídica interna as Directivas n.os 2005/48/CE, da Comissão, de 23 de Agosto, 2005/70/CE, da Comissão, de 20 de Outubro, e 2006/30/CE, da Comissão, de 13 de Março, nas partes respeitantes aos produtos agrícolas de origem vegetal, e as Directivas n.os 2005/74/CE, da Comissão, de 25 de Outubro, 2005/76/CE, da Comissão, de 8 de Novembro, 2006/4/CE, da Comissão, de 26 de Janeiro, e 2006/9/CE, da Comissão, de 23 de Janeiro.
LIMITES MÁXIMOS/PRODUTOS AGRÍCOLAS DE ORIGEM VEGETAL/PRODUTOS FITOFARMACÊUTICOS/RESÍDUOS/RESÍDUOS DE SUBSTÂNCIAS ACTIVAS

Decreto-Lei n.º 124/2006, de 28 de Junho: **0053**
No uso da autorização legislativa concedida pela Lei n.º 12/2006, de 4 de Abril, estabelece as medidas e acções a desenvolver no âmbito do Sistema Nacional de Defesa da Floresta contra Incêndios.
FLORESTA/INCÊNDIOS/SISTEMA NACIONAL DE DEFESA DA FLORESTA CONTRA INCÊNDIOS

Decreto-Lei n.º 136/2006, de 26 de Julho: **0054**
Regula a utilização do gás de petróleo liquefeito (GPL) como combustível nos automóveis e revoga o Decreto-Lei n.º 195/91, de 25 de Maio.
COMBUSTÍVEL/GÁS DE PETRÓLEO LIQUEFEITO (GPL)

Decreto-Lei n.º 137/2006, de 26 de Julho: **0055**
Estabelece as condições em que o gás natural comprimido (GNC) é admitido como combustível para utilização nos automóveis.
COMBUSTÍVEL/GÁS NATURAL COMPRIMIDO (GNC)

Decreto-Lei n.º 140/2006, de 26 de Julho: **0056**
Desenvolve os princípios gerais relativos à organização e ao funcionamento do Sistema Nacional de Gás Natural, aprovados pelo Decreto-Lei n.º 30/2006, de 15 de Fevereiro, regulamentando o regime jurídico aplicável ao exercício das actividades de transporte, armazenamento subterrâneo, recepção, armazenamento e regaseificação de gás natural liquefeito, à distribuição e comercialização de gás natural e à organização dos mercados de gás natural, e que completa a transposição da Directiva n.º 2003/55/CE, do Parlamento Europeu e do Conselho, de 26 de Junho.
GÁS NATURAL/GÁS NATURAL LIQUEFEITO/SISTEMA NACIONAL DE GÁS NATURAL (SNGN)

Decreto-Lei n.º 146/2006, de 31 de Julho: **0057**
Transpõe para a ordem jurídica interna a Directiva n.º 2002//49/CE, do Parlamento Europeu e do Conselho, de 25 de Junho, relativa à avaliação e gestão do ruído ambiente.
AVALIAÇÃO DO RUÍDO AMBIENTE/GESTÃO DO RUÍDO AMBIENTE/RUÍDO AMBIENTE

Decreto-Lei n.º 178/2006, de 5 de Setembro: **0058**
Aprova o regime geral da gestão de resíduos, transpondo para a ordem jurídica interna a Directiva n.º 2006/12/CE, do Parlamento Eu-

ropeu e do Conselho, de 5 de Abril, e a Directiva n.º 91/689/CEE, do Conselho, de 12 de Dezembro.
GESTÃO DE RESÍDUOS/RESÍDUOS

Decreto-Lei n.º 180/2006, de 6 de Setembro: **0059**
Quinta alteração ao Decreto-Lei n.º 93/90, de 19 de Março, que define o regime jurídico da Reserva Ecológica Nacional.
RESERVA ECOLÓGICA NACIONAL

Decreto-Lei n.º 181/2006, de 6 de Setembro: **0060**
Estabelece o regime de limitação das emissões de compostos orgânicos voláteis (COV) resultantes da utilização de solventes orgânicos em determinadas tintas e vernizes e em produtos de retoque de veículos, transpondo para a ordem jurídica interna a Directiva n.º 2004//42/CE, do Parlamento Europeu e do Conselho, de 21 de Abril.
COMPOSTOS ORGÂNICOS VOLÁTEIS (COV)/REGIME DE LIMITAÇÃO DAS EMISSÕES DE COMPOSTOS ORGÂNICOS/SOLVENTES ORGÂNICOS/VEÍCULOS

Decreto-Lei n.º 187/2006, de 19 de Setembro: **0061**
Estabelece as condições e procedimentos de segurança no âmbito dos sistemas de gestão de resíduos de embalagens e de resíduos de excedentes de produtos fitofarmacêuticos e altera o Decreto-Lei n.º 173//2005, de 21 de Outubro.
PRODUTOS FITOFARMACÊUTICOS/RESÍDUOS DE EMBALAGENS/RESÍDUOS DE EXCEDENTES

Decreto-Lei n.º 221/2006, de 8 de Novembro: **0062**
Transpõe para a ordem jurídica interna a Directiva n.º 2005/88//CE, do Parlamento Europeu e do Conselho, de 14 de Dezembro, que altera a Directiva n.º 2000/14/CE, relativa à aproximação das legislações dos Estados membros em matéria de emissões sonoras para o ambiente dos equipamentos para utilização no exterior.
AMBIENTE/EMISSÕES SONORAS PARA O AMBIENTE/POLUIÇÃO SONORA

Decreto-Lei n.º 232/2006, de 29 de Novembro: **0063**
Altera o anexo ao Decreto-Lei n.º 119/2000, de 4 de Julho, relativamente às zonas reservadas à intervenção do Programa Polis na cidade de Viseu.
PROGRAMA POLIS/VISEU

Decreto-Lei n.º 233/2006, de 29 de Novembro: **0064**
Estabelece novos limites máximos de resíduos de substâncias activas de produtos fitofarmacêuticos permitidos nos produtos agrícolas de origem vegetal, transpondo para a ordem jurídica interna as Directivas n.os 2006/53/CE, da Comissão, de 7 de Junho, 2006/60/CE, da Comissão, de 7 de Julho, 2006/59/CE, da Comissão, de 28 de Junho, 2006/61//CE, da Comissão, de 7 de Julho, e 2006/62/CE, da Comissão, de 12 de Julho, nas partes respeitantes aos produtos agrícolas de origem vegetal.
LIMITES MÁXIMOS DE RESÍDUOS/PRODUTOS AGRÍCOLAS DE ORIGEM VEGETAL/PRODUTOS FITOFARMACÊUTICOS/SUBSTÂNCIAS ACTIVAS

Decreto-Lei n.º 234/2006, de 29 de Novembro: **0065**
Transpõe para a ordem jurídica interna as Directivas n.ºs 2005/57//CE, de 21 de Setembro, 2005/72/CE, de 21 de Outubro, 2006/10/CE, de 27 de Janeiro, 2006/16/CE, de 7 de Fevereiro, 2006/19/CE, de 14 de Fevereiro, 2006/45/CE, de 16 de Maio, e 2006/76/CE, de 22 de Setembro, da Comissão, introduzindo alterações ao anexo I do Decreto-Lei n.º 94/98, de 15 de Abril, relativo à colocação de produtos fitofarmacêuticos no mercado.
MERCADO/PRODUTOS FITOFARMACÊUTICOS

1.3. Decretos Legislativos Regionais

Decreto Legislativo Regional n.º 5/2006/M, de 2 de Março: **0066**
Adapta à Região Autónoma da Madeira o Decreto-Lei n.º 140/99, de 24 de Abril, alterado pelo Decreto-Lei n.º 49/2005, de 24 de Fevereiro, que procede à revisão da transposição para o direito interno das directivas comunitárias relativas à conservação das aves selvagens (directiva aves) e à preservação dos habitats naturais e da fauna e da flora selvagens (directiva habitats).
CONSERVAÇÃO DAS AVES SELVAGENS/DIRECTIVA AVES/DIRECTIVA HABITATS//PRESERVAÇÃO DA FAUNA SELVAGEM/PRESERVAÇÃO DA FLORA SELVAGEM//PRESERVAÇÃO DOS HABITATS NATURAIS

Decreto Legislativo Regional n.º 20/2006/A, de 6 de Junho: **0067**
Aprova o Plano Sectorial da Rede Natura 2000 da Região Autónoma dos Açores.
PLANO SECTORIAL DA REDE NATURAL 2000/REDE NATURA 2000/REGIÃO AUTÓNOMA DOS AÇORES

Decreto Legislativo Regional n.° 26/2006/A, de 31 de Julho: **0068**
Estabelece o sistema de incentivos à produção de energia a partir de fontes renováveis – PROENERGIA.
ENERGIAS RENOVÁVEIS/FONTES RENOVÁVEIS DE ENERGIA/PRODUÇÃO DE ENERGIA/PROENERGIA

Decreto Legislativo Regional n.° 43/2006/A, de 31 de Outubro: **0069**
Segunda alteração ao Decreto Legislativo Regional n.° 4/2006/A, de 16 de Janeiro (cria a Natureza Viva – Sociedade de Planeamento, Gestão e Requalificação Ambiental, S. A.).
GESTÃO AMBIENTAL/NATUREZA VIVA/REQUALIFICAÇÃO AMBIENTAL/SOCIEDADE DE PLANEAMENTO, GESTÃO E REQUALIFICAÇÃO AMBIENTAL

Índice Analítico

Índice analítico *

A

Acto de execução – 105
Acto lesivo – 105
Agência (Teoria da) – 45 e segs.
Ambiente – 33 a 98
Audiência de interessados – 103

C

Caducidade – 107
Comissão de Coordenação e Desenvolvimento Regional – 105
Construção (Viabilidade de) – 109
Contratualização (no Direito do Urbanismo) – 9 e segs.

D

Demolição de obra – 101
Direito ao ambiente – 33 e segs.
Direito de edificação – 109
Direito do Urbanismo – 9 e segs.

E

Estado de emergência ambiental – 33 e segs.

F

Fundamentação – 101

G

Gestão territorial (Instrumento de) – 99

H

Hierarquia – 99

I

Instrumento de gestão territorial – 99

---

* Este *INDICE ANALÍTICO* não abrange a *CRÓNICA DA LEGISLAÇÃO*, a qual tem um *ÍNDICE DE TEMAS* próprio.

L

Lei de Bases do Ambiente – 33 e segs.
Licença de construção – 107
Licenciamento – 101, 107

O

Obra (Demolição de) – 101
Obra (Embargo de) – 105

P

Plano Director Municipal – 99, 103, 109
Plano Sectorial – 99

R

Regulação no domínio ambiental – 45 e segs.

Regulamentação Geral das Edificações Urbanas – 107
Responsabilidade civil no domínio ambiental – 45 e segs.

T

Teoria da Agência – 45 e segs.
Tutela jurisdicional do ambiente – 33 e segs.

U

Urbanismo – 9 e segs.

V

Viabilidade de construção – 109

REVISTA JURÍDICA DO URBANISMO E DO AMBIENTE

Boletim de encomenda

Desejo receber os seguintes n.os da RJUA:

☐ N.º 1 – Junho 1994 – 251 págs.		13,09 €
☐ N.º 2 – Dezembro 1994 – 334 págs.		14,67 €
☐ N.º 3 – Junho 1995 – 330 págs.		14,67 €
☐ N.º 4 – Dezembro 1995 – 498 págs.		26,19 €
☐ N.os 5/6 – Dezembro 1996 – 472 págs.		24,44 €
☐ N.º 7 – Junho 1997 – 370 págs.		19,95 €
☐ N.º 8 – Dezembro 1997 – 372 págs.		19,95 €
☐ N.º 9 – Junho 1998 – 278 págs.		14,96 €
☐ N.º 10 – Dezembro 1998 – 400 págs.		19,95 €
☐ N.os 11/12 – Jun./Dez. – 1999 – 540 págs.		29,93 €
☐ N.º 13 – Junho – 2000 – 394 págs.		19,95 €
☐ N.º 14 – Dezembro – 2000 – 408 págs.		24,94 €
☐ N.os 15/16 – Jan/Dez. – 2001 – 574 págs.		32,00 €
☐ N.º 17 – Junho – 2002 – 440 págs.		25,00 €
☐ N.os 18/19 – Dez./2002, Jun./2003 – 312 págs.		20,00 €
☐ N.º 20 – Dezembro – 2003 – 320 págs.		20,00 €
☐ N.os 21/22 – Jun./Dez. – 2004 – 480 págs.		25,00 €
☐ N.os 23/24 – Jan./Dez. – 2005 – 384 págs.		25,00 €

Portes: Portugal   –   gratuito

Autorizo débito no cartão:

☐ Visa   ☐ American Express

N.º ☐☐☐☐ ☐☐☐☐ ☐☐☐☐ ☐☐☐☐

Válido até _____/_____/_____

Envio cheque no valor de ....

do Banco ....

Data ..../......../................

Assinatura ....

Nome ....

Morada..

Código Postal ....

Telefone..

Telefax..

N.º Contribuinte ....

Enviar para:

ALMEDINA

Livraria Almedina
Arco de Almedina 15
3004-509 COIMBRA
PORTUGAL

Telefone 239 851 900
Telefax 239 851 901

www.almedina.net